이 도서의 국립중앙도서관 출판시도서목록(CIP)은
서지정보유통지원시스템 홈페이지(http://seoji.nl.go.kr)와
국가자료공동목록시스템(http://www.nl.go.kr/kolisnet)에서 이용하실 수 있습니다.
(CIP제어번호: CIP2013024381)

불씨잡변

佛氏雜辨

불씨잡변

佛氏雜辨

조선의 기획자
정도전의 사상혁명

정도전 저 | 김병환 역해

규장각 006
새로 읽는
우리 고전

아카넷

'규장각 고전 총서' 발간에 부쳐

고전은 과거의 텍스트이지만 현재에도 의미 있게 읽힐 수 있는 것을 이른다. 고전이라 하면 사서삼경과 같은 경서, 사기나 한서와 같은 역사서, 노자나 장자, 한비자와 같은 제자서를 떠올린다. 이들은 중국의 고전인 동시에 동아시아의 고전으로 군림하여 수백 수천 년 동안 그 지위를 잃지 않았지만, 때로는 자신을 수양하는 바탕으로, 때로는 입신양명을 위한 과거 공부의 교재로, 때로는 동아시아를 관통하는 글쓰기의 전범으로, 시대와 사람에 따라 그 의미는 동일하지 않았다. 지금은 이들 고전이 주로 세상을 보는 눈을 밝게 하고 마음을 다스리는 방편으로서 읽히니 그 의미가 다시 달라졌다.

그러면 동아시아 공동의 고전이 아닌 우리의 고전은 어떤 것이고 그 가치는 무엇인가? 여기에 대한 답은 쉽지 않다. 중국 중심의 보편적 가치를 지향하던 전통 시대, 동아시아 공동의 고전이 아닌 조선의 고전이 따로 필요하지 않았기에 고전의 권위를 누릴 수 있었던 우리의 책은 많지 않았다. 이 점에서 우리나라에서 고전은 절로 존재하였던 과거형이 아니라 새롭게 찾아 현재적 가치를 부여하면서 그 권위가 형성되는 진행형이라 하겠다.

　서울대학교 규장각한국학연구원은 법고창신의 정신으로 고전을 연구하는 기관이다. 수많은 고서 더미에서 법고창신의 정신을 살릴 수 있는 텍스트를 찾아 현재적 가치를 부여함으로써 새로운 고전을 만들어가는 일을 하여야 한다. 그간 이러한 사명을 잊은 것은 아니지만, 기초적인 연구를 우선할 수밖에 없는 현실로 인하여 우리 고전의 가치를 찾아 새롭게 읽어주는 일을 그다지 많이 하지 못하였다. 이제 이 일을 더 미룰 수 없어 규장각한국학연구원에서는 그간 한국학술사 발전에 큰 기여를 한 대우재단의 도움을 받아 '규장각 새로 읽는 우리 고전 총서'를 기획하였다. 그 핵심은 이러하다.

　현재적 의미가 있다 하더라도 고전은 여전히 과거의 글이다. 현재는 그 글이 만들어진 때와는 완전히 다른 세상이다. 더구나 대부분의 고전은 글 자체도 한문으로 되어 있다. 과거의 글을 현재에 읽힐 수 있도록 하자면 현대어로 번역하는 일은 기본이고, 더 나아가 그 글이 어떠한 의미가 있는지를 꼼꼼하고 친절하게 풀어주어야 한다. 우리 시대 지성인의 우리 고전에 대한 갈구를 이렇게 접근하고자 한다.
  '규장각 새로 읽는 우리 고전 총서'는 단순한 텍스트의 번역을 넘어 깊이 있는 학술 번역으로 나아가고자 한다. 필자의 개인적 역량에다 학계의 연구 성과를 더하여, 텍스트의 번역과 동시에 해당 주제를 통관하는 하나의 학술사, 혹은 문화사를 지향할 것이다. 이를 통하여 우리의 고전이 동아시아의 고전, 혹은 세계의 고전으로 발돋움할 수 있기를 기대한다.

  기획위원을 대표하여 이종묵이 쓰다.

차례

해제 정도전의 삶과 『불씨잡변』 9

서문 37
발문 44

1 불교의 윤회설을 논변함 47
2 불교의 인과설을 논변함 57
3 마음과 본성에 대한 불교 이론을 논변함 67
4 작용을 본성이라 여기는 불교 이론을 논변함 79
5 불교의 마음과 마음의 흔적에 대해 논변함 86
6 불교가 도(道)와 기(器)를 구분하지 못하는 것에 대해 논변함 92
7 불교가 인륜을 훼손하는 것에 대해 논변함 98
8 불교의 자비설을 논변함 102
9 참된 것과 허망한 것에 대한 불교의 주장을 논변함 108
10 불교의 지옥설을 논변함 115
11 불교의 화복설을 논변함 120

12 불교의 걸식행위를 논변함 124

13 선종에 대해 논변함 131

14 불교와 유학의 같고 다름에 대해 논변함 139

15 불법이 중국에 들어온 시기를 논변함 149

16 부처를 섬기면 재난이 닥침 158

17 천도를 버리고 불교의 인과설을 따르는 일을 논변함 166

18 부처를 믿을수록 왕조의 수명이 단축됨 170

19 이단을 배척함 174

20 불씨잡변 지(識) 179

부록 정도전 연보 189

주석 201
참고문헌 233

| 해제 |

정도전의 삶과 『불씨잡변』

삼봉의 가계(家系)와 삶

　『불씨잡변(佛氏雜辨)』을 저술한 정도전(鄭道傳, 1342[1]~1398)은 자가 종지(宗之)이며, 호가 삼봉(三峯)[2], 시호는 문헌(文憲)이다. 본관은 봉화(奉化)이고, 선향(先鄕)은 경상북도 영주이다. 출생지는 충청도 단양 삼봉(三峯)으로 알려져 왔으나 정확한 근거는 없다. 삼봉은 봉화 호장(戶長)을 지낸 정공미(鄭公美)의 고손자로, 부친은 고려 말에 검교밀직제학(檢校密直提學)을 지낸 정운경(鄭云敬, 1305~1366)이다. 고조인 정공미의 아들 영찬(英粲)과 손자 균(均)은 말단 향관(鄕官) 직에 머물렀으나, 부친인 운경이 1326년과 1330년에 각각 사마시(司馬試)와 진사시(進士試)에 급제하여 정식 관리의 길로 나아가게 되자 집안 형편이 나아지기 시작하였다. 정운경은 말년에 무반의 인사를 담당하는 병부시랑(兵部侍郎)과

정3품직인 형부상서(刑部尙書) 등의 직책까지 올랐고, 마지막으로 검교 밀직제학에 제수되었다. 가문의 도움을 받을 형편이 못 되었던 정운경은 오로지 본인의 능력으로 중앙 정부에 입성한 것이다. 삼봉은 정운경의 3남 1녀 가운데 장남으로 부친은 각각 유학의 도를 전수[道傳]하고, 보존[道存]하고, 회복[道復]하라는 뜻으로 세 아들들의 이름을 각각 도전, 도존, 도복으로 작명했다.

삼봉은 후에 부친에게서 노약노비(老弱奴婢) 몇 명을 상속받았을 뿐, 이성계를 만나 출세 가도를 달리기 시작하기 전까지 오랫동안 곤궁하게 살았다. 그의 부계혈통은 향리(鄕吏)의 후예로서 중앙 정부의 관료를 지냈으나, 모계가 연안(延安) 차씨(車氏) 공윤(公胤)의 외예얼속(外裔孼屬)이었다. 특히 모계에 노비의 피가 섞여 있었다. 삼봉의 외조모는 노비의 혈통을 물려받은 것으로 전해지는데, 이런 가족사로 인해 삼봉은 평생 인신공격을 받았다. 혈통 때문에 명분을 중요시하는 당시의 지배층으로부터 무시당하는 일을 겪었고, 그의 탄핵 사유에 이 문제가 언급될 정도였다.[3] 그런데 그와 건국사업을 함께 한 조영규(趙英珪)·함부림(咸傅霖) 등 개국공신과 태종 방원의 측근 하륜(河崙) 역시 연안 차씨의 외척얼손(孼孫)이었다. 당시로서는 신분적으로 결함이 있던 인물들이 조선 개국에 적극적이었음을 알 수 있다.

부친 정운경은 복주(福州, 지금의 안동) 향교에서 연상의 이곡(李穀)과 교류하였고, 그와 함께 관동 지방을 유람하기도 하였다. 이곡의 아들이 바로 여말의 거유(巨儒) 이색(李穡)이다. 부친과 이곡의 교우관계가 인연이 되어, 삼봉과 이색의 관계는 한 세대 전으로 올라간다.[4] 부친 정운경의 뒤를 이어 삼봉은 1360년(공민왕 9)에 성균시에 합격하고, 2년 후에는 진사시에 합격하여 충주사록(忠州司錄)에 임명, 약관의 나이에 관리 생활을 시작했다.

이후 삼봉은 정몽주(鄭夢周), 이숭인(李崇仁) 등과 함께 공민왕의 유학 육성 사업에 적극적으로 참여해 성균관 교관에 임명되기도 했다. 1370년에 성균관 박사로 있으면서 정몽주 등 다른 교관들과 명륜당에서 성리학을 강론했으며, 이듬해에는 태상박사(太常博士)에 임명되고, 5년간 인사관리[銓選]를 관장하는 등 행정 일도 경험하였다.

공민왕의 뒤를 이어 우왕(禑王)이 즉위하자 삼봉과 정치 성향이 다른 이인임(李仁任) 등이 정국을 주도한다. 이때 삼봉은 친원배명정책에 반대해 원나라 사신의 마중을 거부하였다는 이유로 오늘날의 전라도 나주에 속한 회진현 관하의 거평부곡(居平部曲)으로 유배되었다. 이는 그의 관직 인생에서 첫 시련이었다. 하지만 이곳에서 유배 생활을 하는 동안 그는 백성들의 삶을 직접 목격할 수 있었고, 이를 통해 백성들의 실상을 보고 배워 그들의 고통을 이해하게 되었다. 유배는 그에게 새로운 세계를 경험하게 해주었는데, 이를 상징적으로 보여주는 것이 이 시기의 경험을 기록한 「답전부(答田父)」이다.

『삼봉집(三峯集)』 제4권에 실려 있는 「답전부」에 의하면 정도전은 회진현에서 유배 생활을 하던 어느 날, 들녘에서 나이 든 한 촌로(村老)를 만났다. 촌로가 정도전에게 귀양 오게 된 이유를 묻는 대목이 의미심장하다.

옳음을 외면하고 재물에 욕심을 부리다가 얻은 죄인가? 출세를 위하여 권신을 가까이하고 세(勢)를 좇다가 얻은 죄인가? 나라의 녹만 먹고 자신의 직책을 다하지 않은 죄인가? 장수가 되어서는 당파를 지어 몰려다니다가 정작 외적을 만나서는 패하여 국사를 그르친 죄인가? 아니면 재상이 되어서는 마음대로 고집을 부려 남의 말을 듣지 않았는가? 자기에게 아첨하는 자는 등용시키고 도(道)를 지키고자 하는 올바른 선비를 배척하였는가? 군주의 작록(爵祿)을 자신의 사사로운 시혜(施惠)인 양 남용했는가? 국가의 법률을 마음껏 희롱하다가 저지른 악행이 많아서 걸려든 죄인가?

삼봉이 그 어느 것도 아니라고 하자, 촌로는 삼봉의 죄가 '가의(賈誼)처럼 큰소리치기 좋아하고, 굴원(屈原)처럼 바른말 하기 좋아하고, 한유(韓愈)처럼 옛것을 좋아하고, 관용방(關龍逢)처럼 윗사람을 거스르기 좋아한 것'이라고 단정한다. 그러면서 촌로는 이들 네 사람은 다 곧은 선비였지만 벼슬이나 직위가 떨어졌거나 면직을 당했거나 죽어서 몸을 보전하지 못하였는데 그대는 지금 목숨을 보전하고 있으니, '지금부터라도 조심하면 화를 면하게 될 것'이라고 일깨워준다. 이 촌로가 숨어 사는 현인일 수도 있겠으나, 그보다는 삼봉의 당시 심정을 대변하고 있다고 봐야 한다. 삼봉은 촌로를 공자 시대의 장저(長沮)·걸익(桀溺) 같은 은자(隱者)라고 하며, 깊이 탄식한다.

아마도 삼봉은 「답전부」를 통하여 관리가 나라에 죄를 짓게 되는 유형을 나열하고, 자신의 경우처럼 곧은 일을 하다가 귀양살이를 했던 과거의 인물들을 예로 들어 내면의 응어리를 토로하는 한편 언젠가는 화를 면하게 될 것이라는 희망을 피력한 듯하다. 삼봉이 촌로의 입을 통해 당시의 관리들이 '국가의 안위와 민생의 안녕과 근심, 풍속의 좋고 나쁨'에는 관심을 두지 않고 헛되이 녹봉만 축낸다며 질책하는 것을 보면, 삼봉은 당시의 국정 운영에 대한 분노와 함께 자신이 유배에서 풀려나면 어떤 관리가 되겠다는 다짐을 스스로에게 하고 있는 듯하다.[5]

1377년에 거주지 제한이 풀렸으나 여전히 유배 중이라 삼봉은 고향 부근과 부평, 김포 등지를 떠도는 생활을 계속했다. 이 시기 동안 그와 가솔들은 거주처가 권세가에 의해 철거되는 등 말 못 할 고통을 겪었다. 당시의 고통이 그가 지은 「가문의 곤경[家難]」에서 부인인 최씨의 입을 통해 잘 드러나 있다.

> 당신은 평상시 부지런히 독서하면서 아침에 밥을 먹는지 저녁에 죽을 먹게 되는지 몰랐습니다. 그러다 보니 집안에 한 섬의 식량도 없고, 방 안에서는 많은 아이들이 춥고 배고프다고 울어대는 지경이었습니다. 제가 끼니를 맡아 꾸려나가면서도, 당신이 견실하게 공부하니 훗날에는 저와 아이들이 우러러 의지하고, 집안에는 영광이 있으리라고 희망을 가졌습니다. 그런데 결국에는 국법에 저촉되어 이름을 욕되게 하고, 행적은 사람들의 논란거리가 되었습니다. 남쪽 변방으로 귀양 가서는 독한 풍토병에나 걸리고, 형제들도 몰락하여 가문이 풍비박산 나니, 세인들의 웃음거리가 되는 지경에 이르렀습니다. 현인과 군자의 삶이라는 것이 참으로 이러한 것인지요?

부인에게서 이런 편지를 받은 가장이라면 가족에 대한 걱정으로 생겪난 번민과 삶에 대한 고뇌가 어떠했을지 능히 짐작이 간다. 이런 심정은 자신을 버린 지인들에 대한 분노로 옮겨가 자연스럽게 세상과 삶 자체에 대한 회의에 빠져들었을 것이다.

삼봉의 유배 시기는 연보를 따져 계산해보면 약 26개월 동안 지속되었고, 이 시기에 그는 생생하게 민생을 체험하였다. 당시 삼봉이 조정의 지인들에게 품었던 분노는 이후 혁명 시기에 그가 정적을 처단하는 과정에 일정한 영향을 주었음이 틀림없다. 사실 그의 유배를 촉발한 상소문은 이숭인(李崇仁), 권근 등과 함께 올린 것이었다. 그는 훗날 이숭인을 멀리 귀양 보내고, 자신에게 맞섰던 사람들 대부분을 제거한다. 예를 들어 이색을 귀양 보냈으며, 정몽주의 가산을 몰수했고, 그 가족들을 서인으로 폐하였다.

그러다 1383년 가을, 삼봉에게 인생의 전환점이 되는 사건이 일어난다. 이해에 그는 함경도 함주(咸州, 지금의 함흥)에서 이성계를 만났다.[6] 일반적으로 이때 삼봉이 이성계를 만나기 위해 멀리 함흥까지 간 사실을 강조하지만, 사실 현재 남아 있는 기록만으로는 그가 왜 그해에 함흥으로 가서 이성계를 만났는지, 누구의 주선이 있었는지, 기존의 해석처럼 혁명을 위해 삼봉이 무력을 갖춘 인물을 찾고 있었기 때문인지 등의 여러 의문에 대한 정확한 답을 얻기 어렵다. 다만 기록은 우리에게 그가 9년간에 걸친 고난의 유배·유랑 생활을 청산하고, 지금의 전방군 사단장급이라고 할 수 있는 이성계를 만나 그와 인연을 맺기 시작하였음을 알려줄 뿐이다. 하지만 어떤 계기나 누군가의 소개나 주선 없이 생면부지의 인물을 만나러 멀리 함경도까지 갔다는 것은 어딘가 석연

치 않은 구석이 있다. 더구나 이 첫 만남에서 삼봉이 이성계의 군대를 보고 "이런 군대라면 무슨 일인들 못하겠습니까?"라고 하였다는 것은 더욱더 믿기 어렵다. 혁명을 생각하고 있는 삼봉의 입장에서 마음속으로야 가능하겠지만, 그런 말을 첫 만남에서 입 밖에 낸다는 것은 아무래도 비상식적인 일이다. 이런 얘기들은 조선 왕조 개창 이후에 이 둘의 만남을 극적으로 보이고자 하는 의도에서 만들어진 것으로 봐야 한다. 『용비어천가』에서 이 만남을 통해 삼봉이 천명(天命)의 소재를 알았다고 찬양한 것도 그런 의도의 일환이다.

그렇다고 해도 이 만남에서 삼봉과 이성계가 의기투합하였던 것만은 분명하다. 해를 넘겨 1384년 봄에 김포로 돌아온 정도전이 여름에 다시 함주로 이성계를 찾아간 사실이 이를 증명한다. 그는 "한나라 고조가 장자방을 이용한 것이 아니라, 장자방이 한 고조를 이용하였다."는 말을 자주 했다. 한 고조 유방을 이성계에, 자신을 장량(張良)에 대비한 것인데, 그렇다면 결국 자신이 이성계를 이용했다는 말이 된다. 이후 조선 개국 과정을 보면, 정도전의 원대한 야망과 이 둘의 관계가 잘 드러난다.

이해에 삼봉은 유배 이후 처음으로 다시 관직에 임용되어 전의부령(典儀副令)으로서 성절사(聖節使) 정몽주의 서장관(書狀官)이 되어 명나라에 다녀온다. 명 조정으로 하여금 우왕의 즉위를 승인하고 시호 책봉을 얻어내는 것이 목적이었다. 이어 경기도 남양부사(南陽府使)를 역임하고, 이성계의 천거로 성균관 대사성으로 승진하였다. 마침내 1388년 6월에 위화도 회군으로 이성계 일파가 실권을 장악하자, 삼봉의 정치적 야망은 현실화되기 시작한다.

  삼봉은 1391년 삼군도총제부(三軍都摠制府) 우군총제사(右軍摠制使)가 되어 병권을 장악하였다. 그러나 이듬해 봄 이성계가 해주에서 사냥을 하다 낙마해 다치는 사고가 발생하자, 고려 왕조를 지키고자 하던 정몽주·김진양(金震陽)·서견(徐甄) 등의 탄핵을 받아 보주(甫州, 지금의 예천)의 감옥에 투옥되는 위기를 겪는다.[7] 당시 고려 조정은 한편에는 정몽주를 중심으로 한 온건세력이, 다른 한편에는 정도전, 조준과 같이 급진적 개혁세력이 포진해 있었다. 새 왕조 창건에 대한 이성계 본인의 의중이 어찌 되었든 간에 그는 당시 급진 개혁세력의 중심이었다.[8] 그러다 정몽주가 이방원의 지시로 선죽교에서 격살되자 온건세력은 궤멸하고, 삼봉도 유배에서 풀려나와 1392년 7월에 조준·남은(南誾) 등 50여 명과 함께 이성계를 추대해 조선을 개국한다.

  그는 조선 개국 1등 공신으로 문하시랑찬성사(門下侍郞贊成事)·판호조사(判戶曹事)·겸판상서사사(兼判尙瑞司事)·보문각대학사(寶文閣大學士)·지경연예문춘추관사(知經筵藝文春秋館事)·겸의흥친군위절제사(兼義興親軍衛節制使) 등의 요직을 겸임하며 이방원에 의해 살해당할 때까지 권력의 핵심 자리에 있었다.

  정도전은 조선 창건의 정치적 주역이었을 뿐만 아니라, 조선이라는 새로운 왕조를 반석 위에 올려놓는 데 필요한 여러 제도를 직접 만들고, 이를 이론적으로 뒷받침하는 다수의 저서를 편찬한 사상가였다. 예를 들어 1394년 한 해만 봐도, 『경국대전(經國大典)』의 기초인 『조선경국전(朝鮮經國典)』을 지었고, 불교와 도가 사상을 유가의 입장에서 비판하고 통섭하고자 한 『심기리(心氣理)』 3편을 저술했다. 한편으로는 급한 정무(政務)를 수행하고, 다른 한편으로는 조선이라는 신흥 국가의 새로운 사상과 문화의 밑그림을 그리는 역할에 충실하였음을 알 수 있다. 그는 또 한양 천도를 계획하고 실천해서 수도 건설과 경영에도 주동적으로 참여하였다. 삼봉은 개경에서 한양으로 천도하는 과정을 비롯해 현재의 경복궁 및 도성의 터를 정하는 등 수도 건설 공사의 총책임자로 제반 임무를 수행하였다. 게다가 알려진 대로 경복궁을 비롯한 각 성문의 이름과 한성부의 5부 52방의 이름을 유학적으로 작명했다. 유교적 덕목이나 가치로 한양의 새로운 건물들에 각종 상징을 부여하였던 것이다. 이리하여 한양은 유교적 이상을 품은 신흥 국가의 수도로 변모하게 되었고, 그 흔적은 지금도 서울에 고스란히 남아 있다. 이처럼 삼봉에게 조선 건국 사업이란 하나의 정치적 행위로서의 의미만 있었던 것이 아니다. 이를 이론적으로 뒷받침하고 제도로서 정착시켜 사상적으로나 제도적으로 이 나라 조선의 기초를 놓았다는 점에서 중요한 의미를 갖는다.

  1398년에 이르러 그는 권근(權近)과 더불어 성균관제조가 되어 4품 이하의 유사(儒士)들에게 경사(經史)를 강습하고, 그해 여름에는 병으로 쉬는 동안 자신의 마지막 작품인 『불씨잡변』을 저술해 배불숭유(排佛崇儒)의 이론적 기초를 확립하고자 하였다. 8월에 사병을 혁파하고 진법 훈련을 강화하면서 요동 수복이라는 원대한 계획을 추진하던 중, 사병 혁파로 위기를 체감한 이방원의 기습을 받아 희생되었다. 그는 숨을 거두기 전에 다음의 시를 남겼다고 전해진다.

자조(自嘲)

마음을 닦고 행동을 돌아보는 두 일에 공들여
성현들이 남긴 책 속의 가르침 저버리지 않았건만
삼십 년 동안 고생하며 부지런히 이룬 사업이
송현방 정자에서 한 번 취한 사이에 모두 허사가 되는구나

操存省察兩加功
不負聖賢黃卷中
三十年來勤苦業
松亭一醉竟成空

  태종 이방원은 이성계의 아들들 중 유일하게 문과에 급제한 인물로 삼봉처럼 문무를 겸비한 인물이었다. 이 두 호걸이 호흡을 같이할 수 있었더라면 좋았겠지만, 애석하게도 신권(臣權)을 강화해 유가의 이상 정치를 실현하고자 했던 삼봉과 왕권을 강화하고자 했던 방원이 함께 갈 수 없는 것은 어쩔 수 없는 엄연한 현실이었다.[9]
  삼봉은 고려 귀족사회의 정신적 지주였던 불교의 사회적 폐단과 사상적 비합리성을 비판하고, 유학 특히 성리학만이 정학(正學)임을 주장해 유교 입국의 철학적 기초를 다졌다. 그러나 그가 성리학을 강력하게 옹호했다고 해서 주자학을 비판 없이 다 받아들인 것은 아니었다. 예를 들어 성리학자들이 일반적으로 백안시하는 한당(漢唐)의 공리(功利)

적 사상이나, 부국강병에 유용한 제도와 문물을 삼봉은 상당히 적극적으로 받아들였다. 이렇게 보면 그는 주희의 논적으로 주희와 논쟁하였던 진량(陳亮)의 사상과 통하는 면이 있다. 공리주의적 사상가로 알려진 진량은 주희와 달리 결과를 중시하고 한당의 유능한 황제들을 옹호하였는데, 이는 한 무제나 당 태종의 치세에서 결과적으로 백성들의 삶이 더 편안해졌기 때문이다.[10] 하지만 도덕 근본주의의 성향이 강한 주희는 진량처럼 결과를 중시해서 이들을 유가의 모범적 성왕으로 내세울 수는 없었다. 주희가 어떻게 형을 물리치고 황제의 자리에 오른 당 태종을 유가의 모범적인 성왕으로 추앙할 수 있었겠는가! 역으로, 현실 정치를 대면하고 조정해야 하는 정무적 역할과 이데올로기스트적 역할을 동시에 수행했던 삼봉의 입장에서 주희의 근본주의를 받아들이기는 어려운 일이었다.

이런 맥락에서 보면 삼봉은 유교 입국이라 해도 그 세부적인 내용과 성향에서는 주자학의 근본 교리와 상당히 다른 입장을 표방했다고까지 주장할 수 있다. 사실 삼봉은 조선시대에 들어서 사회적으로 큰 영향을 미친 주자가례(朱子家禮)나, 주자가 백성들을 구휼하고자 여조겸(呂祖謙)의 영향을 받아 중시했던 사창제(社倉制)나 향약(鄕約) 등에 관해서도 거의 언급하지 않았다. 그런 만큼 삼봉이 주자학을 조선 왕조의 새로운 통치 이념으로 삼아 왕조의 기틀을 세웠다는 기존의 주장은 좀 더 정교한 논의를 요한다. 현실 정치에 깊숙이 관여하고 있는 삼봉이 재야에서 정국을 비판하고 견제하는 기능에 충실했던 주자나 주자학파의 입장을 그대로 받아들이기에는 당연히 무리가 있었다.[11]

『삼봉집』에 대하여

『불씨잡변』 등 정도전의 작품을 수록한 『삼봉집』은 1397년(태조 6) 정도전이 살아 있을 당시, 그의 장남 정진(鄭津)에 의해서 2권으로 처음 간행되었다. 그 뒤 1465년(세조 11) 그의 증손 정문형(鄭文炯)에 의해서 6책으로 중간되고, 다시 1486년(성종 17) 겨울에 8책으로 증보되었다. 그 후 1791년(정조 15)에 정조의 명으로 구본(舊本)에 누락된 진법(陣法)과 시문을 보충하고, 삼봉의 사실(事實)에 대한 기록을 보완, 편차를 다시 분류해 14권 7책으로 편찬한 것이 오늘날 유통되는 현행본이다. 이해를 돕기 위해 『삼봉집』의 내용을 먼저 대략 알아보고 『불씨잡변』에 대해서 살펴보자.

『삼봉집』 1~4권에는 시(詩)·부(賦)·사(詞)·악장·소(疏)·전(箋)·서(序)·기(記) 등의 작품이 수록되어 있다. 그의 시문은 대부분 백성과 나라를 아끼고 사랑하는 마음을 표현하고 있으며, 무인적인 기품이 묻어나 우리가 일반적으로 알고 있는 16세기 이후 조선 성리학자의 작품들과는 구별된다. 유사한 사례가 역사적으로도 확인되는데, 북송이 멸망하여 남송이 건립되자 북방에서 이주한 사대부들은 남송 지역에 본래부터 살고 있던 사대부들이 말을 제대로 타지 못하는 데 대해 같은 사대부로서 이질감을 느꼈다는 기록이 남아 있다. 유학자와 승마 혹은 활쏘기가 어울리지 않는 조합이라 느껴진다면, 공자가 가르친 육예(六藝)의 교육 과정 중 승마와 활쏘기가 중요한 과목이었음을 상기해보자! 즉, 다른 조선 성리학자들에게서 느끼기 어려운 것이긴 해도 삼봉의 시에서 무인의 기백을 느낄 수 있는 것은 사실 유학의 기본 정신에 부합하는 것이다.

5·6권에 수록된 『경제문감(經濟文鑑)』(상·하)은 1395년에 군주의 명에 따라 지은[製進] 글로서, 중국 역대의 재상(宰相)·대간(臺諫)·위병(衛兵)·감사(監司)·수령(守令) 등의 연혁과 맡은 바에 대한 혹은 소임에 대한 기술이다.[12] 삼봉은 재상·대간이나 위병·감사·수령 등의 직책을 강화해 중앙집권 체제의 실효성을 높이는 것이 통치의 핵심임을 강조한다.

7·8권에 수록된 『조선경국전』(상·하)은 『경제문감』보다 1년 앞선 1394년에 지은 것으로서, 『주례(周禮)』의 육전 체제를 바탕으로 삼아 이를 조선의 현실에 맞게 적절히 조정한 법전이다. 권두에서 왕위 계승과 국호 제정의 원칙을 설명하고, 다음에는 치전(治典)·부전(賦典)·예전(禮典)·정전(政典)·헌전(憲典)·공전(工典)의 순서로 나라를 다스리는 방안을 설명하고 있다.

치전에서는 특히 재상의 직책과 시험 제도에 의한 관리 등용의 중요성을 강조하고, 부전(賦典)에서는 국리(國利)와 민복(民福)이 조화된 수취 체제의 강화 방안을 제시하였다. 예전에서는 유교 가치관에 입각한 사회 질서의 안정을 강조하고, 교육의 확대와 중국 중심의 우호선린적 사대 외교의 중요성을 언급하였다. 정전에서는 문무 일치와 병농 일치에 입각한 국방력 강화의 원칙을 제시했으며, 형전(刑典)이라 할 수 있는 헌전에서는 유가 정치사상의 핵심인 덕치(德治)를 근간으로 하는 형벌제도의 원칙을 강조하였다. 공전에서는 사치 생활을 억제하고 백성들의 힘을 축적하는 것이 수공업이나 토목 개관 공사에서 중요함을 역설하였다. 잘 알려졌듯이 이런 내용이 『경제육전(經濟六典)』을 거쳐 결국 『경국대전』의 뿌리가 되었다. 삼봉에게 경세론(經世論)은 철학 사상만큼이나 중요한 위치를 차지한다.[13]

9·10권에는 삼봉의 철학 사상서라 할 수 있는 『불씨잡변』과 『심기리(心氣理)』편, 『심문천답(心問天答)』이 실려 있다. 이 세 작품은 도교와 불교를 비판하고 유학의 이론적 우위를 강조한다. 그중 특히 『불씨잡변』은 불교의 교리를 윤회·인과·심성설 등으로 나누어 이를 조목조목 비판하고 유가의 사상적 우월성을 강조하기 위해 집필한 것으로, 조선 유학자들은 물론이고 동아시아의 불교 비판서 가운데 가장 높은 수준을 보여준다고 평가된다. 물론 삼봉이 불교를 얼마나 폭넓게 제대로 파악하고 있었는지에 대해서는 논의의 여지가 있는데, 이런 문제 등에 대해서는 본문에서 해설을 통해 다시 설명한다.

11·12권에는 1397년에 저술한 『경제문감별집(經濟文鑑別集)』(상·하)이 실려 있다. 이 책은 앞서 쓴 『경제문감』이 신하의 직분만을 다룬 한계를 극복하고, 군주의 치도(治道)를 정리하기 위해 중국과 고려 역대 왕의 치적을 기술한 것이다. 특히 고려 역대 왕의 치적에 대한 서술은 이제현(李齊賢)과 여러 사신들의 사찬(史贊)을 채록한 것으로 사서(史書)의 성격을 띤다. 그리고 책의 말미에는 경제의론(經濟議論)을 첨가해 『주역(周易)』의 괘상(卦象)에 나타나 있는 군주의 치덕(治德)을 차례로 서술했는데, 그 내용은 주로 정호(程顥)의 『주역집전설(周易集傳說)』을 인용한 것이다. 이 책은 유실되어 현재 일부만이 전해진다.

13권에는 진법(陣法)과 습유(拾遺)가 들어 있다. 삼봉은 원래 병법에도 조예가 깊어, 『팔진삼십육변도보(八陣三十六變圖譜)』, 『오행진출기도(五行陣出奇圖)』, 『강무도(講武圖)』 등의 병서를 짓기도 했다. 진법은 이것들을 더욱 발전시켜 요동 정벌 운동에 직접 활용할 목적으로 지은 것이다. 이 책은 『주례』의 수수법(蒐狩法)과 중국 역대 명장들의 병법을 활용해서 진을 치는 방법이나 지휘관의 군대 통솔 방법과 군법, 공격과 수비 방법 등을 설명하고 있다. 습유는 『고려사』·『동국여지승람』 등에 실려 있는 정도전의 유문(遺文)을 수집한 것으로, 표(表)나 전(箋)과 같은 중요한 문서들이 포함되어 있다.

마지막 14권 부록에는 삼봉의 경력에 관계되는 자료를 수집한 사실(事實)과, 그에 대한 후인들의 평을 모은 제현서술(諸賢敍述)이 실려 있다.

다음으로 삼봉의 불교 비판을 집대성한 『불씨잡변』과 그의 척불론을 살펴보자.

『불씨잡변』과 삼봉의 불교 비판

위에서 보았듯이, 삼봉은 불교와 도가를 비판하고 유학을 옹호하고자 『심문천답』(1375), 『심기리』(1394), 『불씨잡변』(1398) 등의 사상서를 차례로 저술하였다. 이들 저서에서 삼봉은 나름의 논리를 갖추어 배불론을 전개했다. 삼봉 스스로 『불씨잡변』이 후대 사람들로 하여금 불교의 허망함을 깨닫도록 할 수 있다면 죽어도 마음이 놓인다고 했을 정도로 척불론은 삼봉 필생의 신념이었다.

　이들 중 특히 『불씨잡변』은 1398년 삼봉이 죽기 몇 달 전에 저술한 그의 생애 마지막 작품이다. 불교의 인과설·윤회설·화복설·지옥설 등 세간에 크게 영향을 미친 불교의 대표적 이론이나, 인간의 마음[心]과 본성[性]에 대한 불교적 관점을 유학의 입장에서 비판한 내용이 핵심이다. 기존 연구자들은 대부분 『불씨잡변』은 동아시아에서 출판된 불교 비판서 중 가장 정연한 주장을 갖추고 있다고 평가한다. 반면 비판적 평가들은 주로 불교 전문가로부터 제기되고 있는데, 주된 내용은 삼봉의 불교 이해가 불충분했다거나, 그의 문제 제기가 유교 옹호라는 호교론(護敎論)적 의도를 가지고 있다는 점 등이다. 이런 의견들은 모두 진지하게 경청할 만한 가치가 있다.

　삼봉은 『불씨잡변』의 저술을 마친 뒤 권근(權近)에게 서문을 부탁하였다. 그러나 탈고 후 얼마 지나지 않아 이방원에 의해 죽임을 당해 『불씨잡변』의 간행은 훗날을 기약해야 했다. 윤기견(尹起畎)의 발문에서 보듯이 삼봉 사후 유고(遺稿)가 족손(族孫)인 한혁(韓奕)의 집에서 발견된 것이 발간의 단초가 되었다. 『불씨잡변』은 모두 20편으로 구성되어 있는데, 이해를 돕기 위해 구체적으로 살펴보면 다음과 같다.

① 불씨윤회지변(佛氏輪廻之辨)

② 불씨인과지변(佛氏因果之辨)

③ 불씨심성지변(佛氏心性之辨)

④ 불씨작용시성지변(佛氏作用是性之辨)

⑤ 불씨심적지변(佛氏心跡之辨)

⑥ 불씨매어도기지변(佛氏昧於道器之辨)

⑦ 불씨훼기인륜지변(佛氏毀棄人倫之辨)

⑧ 불씨자비지변(佛氏慈悲之辨)

⑨ 불씨진가지변(佛氏眞假之辨)

⑩ 불씨지옥지변(佛氏地獄之辨)

⑪ 불씨화복지변(佛氏禍福之辨)

⑫ 불씨걸식지변(佛氏乞食之辨)

⑬ 불씨선교지변(佛氏禪敎之辨)

⑭ 유석동이지변(儒釋同異之辨)

⑮ 불씨입중국(佛氏入中國)

⑯ 사불득화(事佛得禍)

⑰ 사천도이담불과(舍天道而談佛果)

⑱ 사불지근연대우촉(事佛至謹年代尤促)

⑲ 벽이단지변(闢異端之辨)

이 외에 정도전 자신이 권말에 첨가한 부설까지 합하여 총 20편이다. ①에서 ⑭까지와 ⑲를 포함한 15편은 주로 불교의 인과설·윤회설·화복설·지옥설 등 불교 교리를 비판하거나, 심성론(心性論)에 대한 불교의 주장을 성리학적 시각에서 논박한 것이다. 그중에서도 불씨윤회지변(佛氏輪廻之辨), 불씨인과지변(佛氏因果之辨), 불씨심성지변(佛氏心性之辨), 불씨작용시성지변(佛氏作用是性之辨), 불씨심적지변(佛氏心跡之

辨), 유석동이지변(儒釋同異之辨)의 6편이 책 전체를 통하여 주목할 만한 핵심 내용을 담고 있다. ⑮에서 ⑱까지의 4편은 주로 진덕수(陳德秀, 1178~1235)의 『대학연의(大學衍義)』14를 인용하였는데, 불교 전래 이후 중국 역대 왕조의 역사적 흥망 사실을 예로 들어 불교가 왕조의 번영에 도움이 안 되는 해로운 종교사상이라는 점을 강조하고 있다. 이 4편은 흔히 전대사실(前代事實)로 분류된다. 책 말미의 부설을 빼고, 『불씨잡변』을 잡변(雜辨) 15편, 전대사실 4편이라고 하는 이유가 여기에 있다. 하지만 부설은 삼봉이 대화체 형식으로 책 말미에 자신의 생각을 다시 기술한 것이라 책의 성격을 파악하는 데 도움이 된다.

다음으로 『불씨잡변』 저술의 사상적 배경을 살펴보자.

고려 충렬왕대에 이르러 원(元)에서 본격 도입된 성리학이 점차 발전하자 유학자들이 불교의 폐단을 지적하는 일이 빈번해졌다. 이는 점차 확대되어 불교사상 전반을 비판하는 데까지 이르게 되었다. 정도전도 대략 공민왕 19년 이후에, 이정(二程)과 주희의 성리학을 연구하여 상당한 정도의 이해를 하게 되었다. 이후 성균관 박사로 활동하면서 그는 배불사상을 체계적으로 전개해나가기 시작한다. 정도전은 정몽주, 이색 등 주로 온건세력이 불교가 사회적 폐단을 일으킨다고 단순하게 비판했던 것에서 한발 더 나아가, 사상적 측면과 정치적·사회적 차원에서 불교를 강하게 공격했다.

『불씨잡변』에 나타난 배불사상은 크게 사상적 측면과 현실적 측면으로 나누어볼 수 있다. 우선 사상적 측면에서 정도전은 불교의 윤회설, 인과설, 심성론 등을 비판했다. 삼봉은 사람은 기를 받아서 태어나고 죽을 때는 기가 흩어져 없어지므로 불교의 교리대로 다시 몸을 받아 태어날 수 없다고 윤회설을 비판한다. 그리고 음양오행의 운행에 의해 천지만물과 인간의 다양성이 나타나는 것인데, 이를 부정하는 불교의 선악인과설(善惡因果說)은 잘못되었다고 주장한다. 또한 불교에서 마음[心] 자체를 본성[性]으로 파악하여 비움[虛]을 추구하는데, 이는 마음과 본성을 구분하지 못한 잘못이라고 지적한다.

다른 한편, 정도전은 현실적 측면에서 불교의 사회적 폐단을 강하게 질책한다. 사불(事佛) 같은 종교 행사를 위해 많은 재물을 탕진하는 일이나, 승려들의 정치 간여 등은 그로서는 받아들이기 어려운 일이었다. 그는 "도(道) 바깥에 사물[物]이 없고 사물[物] 바깥에 도(道)가 없다"는 정명도(程明道)의 말을 인용하면서, 불교에서는 오상(五常)의 실천적 도리들을 모두 부정하여 결국에는 인륜을 없애려 한다고 비난한다. 오륜 등의 유교적 인륜 질서를 불교가 출가를 주장하여 근본부터 파괴한다고 여겼던 것이다. 결국 불교의 출세간적(出世間的) 삶의 방식과 가치관에 반대하고, 이 현세(現世)에서의 삶을 중시하는 현실적 유교윤리를 강조하였다고 하겠다. 또한 삼봉은 부처에 귀의하면 누구나 화를 피하고 복을 얻는다는 주장이나, 승려들이 생산 활동에 종사하지 않는 일 등도 비판하였다. 유학자인 그는 당연히 선종의 불립문자(不立文字)나 견성성불(見性成佛) 등의 교리를 받아들이기 어려웠다. 그가 보기에 선종은 최소한의 윤리적 덕목도 무시하는 이론으로 교종(敎宗)이 가진 일말의 도덕적 순기능마저도 상실한 것이었기 때문에 사회적 폐단이 더 심대한 것이었다.

삼봉의 벽불 논리를 좀 더 세분해서 살펴보자.

『불씨잡변』에 등장하는 척불의 논거는 사상적·윤리적 측면과 생사 문제를 중심으로 한 종교학적 성격의 논거, 그리고 역사적 사실에 근거한 비판, 유·불 사상의 대비를 통한 비판 등 다섯 가지로 세분하여 살펴볼 수 있다.[15]

먼저 사상적으로 삼봉은 이치[理]·기운[氣]과 마음[心]·본성[性]·감성[情] 등의 개념을 중심으로 불교 비판의 논리를 전개했다. 그는 불교의 중심 개념을 심(心)으로, 도가의 중심개념을 기(氣)로 파악하고, 이들의 잘못을 지적한다. 삼봉은 불교에서 논하는 마음[心]을 현상 세계를 부정하는 초월적인 것으로 규정하여 비판하는 한편, 도가에서의 기는 이치[理]를 배제하여 물질 세계만을 강조하였다고 질책한다. 그는 이 양자의 세계를 유학의 이치 개념으로 통섭하여 조화시킬 수 있다고 주장하며, 불교와 도가보다 유학이 철학적으로 우월함을 부각시키려고 했다. 또 삼봉은 현상 세계를 『주역』이나 송유(宋儒) 등의 오행설(五行說)과 기론(氣論)으로 설명하는 입장을 취하였다. 이런 맥락의 연장선에서 그는 현상 세계를 부정하고 초월하려 하는 불교의 입장을 유교의 현실 참여적이고 긍정적인 인생관과 세계관의 입장에서 배척했다.

다음으로 윤리적 측면에서 삼봉은 불교의 심학(心學)과 도가의 기학(氣學)이 모두 이치[理]를 떠나 있어, 이들의 가르침은 결국 금수(禽

獸)로 돌아간다고 비난하였다. 그에 의하면, 이치의 작용이 일어나는 것[發]이 곧 옳음[義]의 시작이며, 옳음이 있음으로써 그 작용이 이치에 근거하게 되는 것이지 작용 그 자체만으로는 이치가 될 수 없다. 즉, 작용의 근거가 되는 이치가 바탕에 필요한 것이다. 하지만 불교와 도가는 마음이나 기보다 더 근본적인 이치를 무시했다. 또한 삼봉은 불교가 마음[心]과 그 흔적[跡], 본성[性]과 그 작용[用]을 통합하지 못하고 분리시킨다고 생각해 이를 강하게 질책한다. 나아가 불교가 본원[道]과 현상 세계[器]를 분리하여 현상을 허망한 것으로 부정한다고 지적한다. 본원과 현상 세계는 서로 분리될 수 없는데, 불교에서는 오륜마저도 모두 허망하다고 하여 인륜 질서를 파괴한다고 비판한다.

셋째로 삼봉은 『불씨잡변』에서 생사의 문제에 대해 종교학적 측면에서 논변한다. 유교에서는 생사의 문제를 태극(太極)을 근본으로 하여 음양(陰陽)·오행(五行)이 끊임없이 작용하는 생생(生生)의 도리로 이해하고 설명한다. 이런 과정은 이치를 품수한 기의 작용인데, 기는 한번 흩어지면 그 동질성(同質性)을 유지하면서 다시 생성될 수 없다. 그러므로 삼봉이 보기에 불교의 윤회설은 근본적으로 잘못되었다. 한편 부처에 귀의하면 누구나 화를 면하고 복을 얻을 수 있다는 불교의 화복설(禍福說)도 비판의 대상이 된다. 유교에서는 마음을 바르게 하고 몸을 닦으면[正心修己] 일상적인 복은 구하지 않아도 찾아온다고 보기 때문이다. 결과보다는 동기를 중시하고자 하는 유학의 근본 도덕주의 입장에서 복을 얻기 위해 부처에 귀의하라는 기복적 주장은 지나치게 결과주의에 경도된 관점으로 보였던 것이다. 유학의 동기주의적 입장에서 보면, 화복설 같은 공리주의적 입장을 당연히 부정적으로 보게 된다. 현실적으로 공리주의적 색채가 있었던 삼봉이지만, 불교를 비판할 때는 유교적 원리주의자의 모습으로 돌아간 것이다. 특히 선(禪)불교에 와서는 불립문자를 말함으로써 최소한의 도덕이나 의리(義理)가 완전히 없어지게 되었다고 주장한다. 그리고 불교는 농업을 부정하는 등 생업에 종사하지 않는 것을 오히려 권장하는 측면이 있는데, 이 또한 잘못이라는 것이다. 이러한 비판들은 종교학적 측면과 함께 유교적 실용성 측면에서 불교를 논박한 것이다.

넷째는 역사적 사실에 기초한 불교 비판이다. 한(漢) 명제(明帝)가 인도에서 불서(佛書)·불상이나 승려 등을 들여온 일이나, 양(梁) 무제(武帝)가 어복(御服)을 벗고 법의(法衣)를 입는 등 불교를 신봉했던 사실과 당 대종(代宗)이 불교의 응보설을 믿고 중시했던 것, 당 헌종(憲宗)이 불골(佛骨)을 맞아 궁중에 둔 일 등을 전대사실 편에서 하나하나 거론하여 비판하고 있다. 그런데 역사적 사실을 논하면서 진덕수의 『대학연의』를 인용하다 보니, 삼봉이 제시한 예는 모두 중국에 관련된 사례에 국한되어 있다.

마지막으로 유교와 불교를 대비시켜 불교를 비판하는 논거로 삼는 방식이다. 삼봉은 유교와 불교가 공통된 표현을 쓰지만 서로 다른 내용을 말하고 있다고 지적한다. 삼봉은 유교의 근본 개념으로서 마음[心]과 이치[理]를 불교의 마음[心]과 법(法)에 대비시키고, 유교에서는 단계적 질서 속에 내면적 마음과 보편적 실재인 이치가 통일되어 있다고 주장한다. 이로써 내면적 마음을 직관적으로 파악하고 객관적 실재를 부정하는 불교의 주관주의적 경향이 가진 한계를 비판하고자 한다. 하지만 이런 지적이 불교에 대한 적실한 비판인지에 대해서는 좀 더 논의를 요하는 면이 있는 것도 사실이다.

정도전의 불교 비판은 성리학을 기반으로 한 조선의 건국이라는 문제의식에서 출발한 것이었시반, 신라시대부터 이 땅에 뿌리내린 불교적 가치관을 완전히 제거하기란 쉽지 않은 일이었다. 우리는 당연히 정도전이 처했던 역사적 맥락이 중요하다는 점을 전제로 해서 고려 불교에 대한 당시 유학자들의 이론적 이해 지평도 함께 살펴보아야 한다. 그래야만 삼봉의 『불씨잡변』이 가진 장점과 한계를 동시에 파악할 수 있다.

정도전, 권근을 포함한 대부분의 조선 초기 성리학자들은 불교를 허령공적심(虛靈空寂心) 중심의 무규범적(無規範的) 심성(心性)론으로 이해한다. 예를 들어, 『심기리』의 「심난기(心難氣)」편에는 마음[心]이 '허령불매(虛靈不昧)'하다는 말이 나오는데, 주지하듯 이 말은 주희가 사용해 널리 알려진 용어이다. 하지만 주희는 이와 더불어 하늘이 인간에게 품부한 이치[理]로서의 본성[性]을 말한다. 이치는 현상 세계에 대한 표준이나 기준 혹은 모형이며, 심성론에서는 감정[情]을 발현하게 하는 것이다. 이에 반해 불교에서 말하는 마음은 그저 허령하기만 하며, 불교의 심성론과 수양론은 허령불매가 아니라 '허무적멸(虛無寂滅)' 내지는 '허령공적(虛靈空寂)'을 가리킨다고 당시의 성리학자들은 생각한다. 정도전은 이러한 불교 이해의 근거를 선종에서 찾는데, 그에 따르면 선불교는 일정한 규범이 없어 사람들의 행위가 규범에서 벗어나 일탈하는 문제를 해결할 수 없다. 이론적으로 추적해보면, 이런 입장은 마조(馬祖)

계열의 홍주종(洪州宗)에서 '작용시성(作用是性)'을 승인한 것을 비판하는 입장이다. 주희가 '작용이 곧 본성이라면, 칼을 들어 사람을 해치는 것도 본성의 작용이라 할 것인가?'라고 한 것이 바로 이 문제이다.[16] 그런데 고려 불교의 심성론에는 '작용시성' 이외에 지눌의 '공적영지심(空寂靈智心)' 개념도 있고, 규봉 종밀(宗密)이 말하는 자성본용(自性本用)이라는 관념도 이미 언급되고 있다. 이런 관념들은 성리학에서 말하는 규범으로서의 이치와 동일하다고는 할 수 없겠지만 성리학자들이 비판하는 '공적(空寂)'이나 '적멸(寂滅)'과는 거리가 있으며 한편으로는 이치 개념과도 어느 정도 부합할 소지가 있다. 이런 점을 당시의 성리학자들은 간과한 듯하다.

성리학자들이 선종의 '심' 개념을 '허령공적'이라는 측면에서만 이해한 이유 중 하나는 고려 말의 선불교가 홍주종의 직접적 계승자인 임제종(臨濟宗)을 계승한 데서 기인한 것으로 보인다. 보우(普愚)는 지눌과 마찬가지로 마음을 공적(空寂)과 영지(靈智)의 두 측면으로 본다. 하지만 그는 영지까지만 이야기함으로써 외계의 현상 작용에 대한 관심을 경계하였는데, 이것이 바로 홍주종을 계승한 임제종의 특징이다. 즉, 정도전을 포함한 선초의 성리학자들의 불교 심성론 이해는 보우의 심성 개념을 바탕으로 삼고 있는 면이 있다. 이러한 이해는 선불교가 가진 역동적 측면을 위축시킴으로써 사회에 대한 실천 의식을 약화시키는 것이 사실이다.

삼봉을 위시한 성리학자들은 선종 이전의 교종에 대해서는 도덕 윤리를 준수하는 나름대로의 순기능을 하고 있었던 것으로 파악한다. 나아가 이들은 본체와 현상의 일치를 주장하는 교종의 논리도 이해하고 있었다. 예를 들어 화엄종(華嚴宗)에서 주장하는 본체계[理法界]와 현상계[事法界]의 상즉상입(相卽相入) 및 원융일체(圓融一切)에 대한 논의와 이해가 바로 그것이다. 화엄종의 이사무애법계(理事無碍法界) 혹은 사사무애법계(事事無碍法界)가 본체와 현상에 대한 설명을 위주로 하는 것임을 당시 지식인들은 이해하고 있었다. 화엄종은 분명 현상계와 현상 사물에 깊은 관심을 보이는 사상이다. 유학의 이기론적 사고에 비유해보면, 이(理)보다는 기(氣)에 대한 담론이라고까지 할 수 있다. 성리학자들에게 화엄종은 불교 내의 기철학으로 인식할 수 있는 면이 있는 것이다. 하지만 성리학자들은 불교가 현상적 묘유(妙有)들의 제 변화상을 진공(眞空)의 관점으로 수렴시킨다고 이해한다. 당연한 것이겠지만 이는 성리학자들이 불교를 현상학보다는 본체론 중심으로 이해했기 때문이다. 그들은 불교를 본체론 중심으로만 보려 했기 때문에 묘유에 대한 현상적 담론을 중시하지 않았다. 성리학자들의 입장에는 불교가 출세간적·초월적 영역을 다루어야 한다는 것을 전제로 하는 시각이 분명히 존재한다. 즉, 불교가 출세간의 영역과 문제를 다루는 것으로 여겼던 성리학자들의 이해의 폭이 불교가 가진 현상적 관점에 대한 이해를 놓치게 했다고 할 수 있다.[17]

  결론적으로 삼봉의 『불씨잡변』은 조선 초기에 건국이념 확립과 사상 변화에 실질적으로 기여하며, 성리학 위주의 사상 발전 여건을 형성했다. 『불씨잡변』은 고려와 조선 조뿐만 아니라 동아시아 한자문화권의 배불사상서 중에서, 미진한 면도 분명 있지만, 상당히 이론적이고 체계적으로 불교를 비판한 작품이다. 또한 정도전의 배불사상은 당시 불교계를 각성시켜 불법을 쇄신하게 하는 데에도 일조했다.

그렇다면 『불씨잡변』의 한계는 무엇일까? 무엇보다 먼저 삼봉은 『불씨잡변』에서 불교를 배척하는 데에 몰두하여 불교의 진정한 모습을 보지 못한 면이 있다. 예를 들어 선종 내지는 기복 불교를 불교사상의 진정한 모습으로 오인한 측면이 있다. 선종은 인도 불교가 동진한 이래로 가장 동아시아화된 불교이기는 하지만 선종이 교종을 포함하여 모든 불교사상을 대표하는 것은 아니다. 또 기복 성격이야 모든 종교에 어느 정도 다 깃들어 있다. 기복 신앙 측면 이외에, 깨달음에 도달하기 위해 내면적 수양을 중시하는 불교의 전통은 분명히 인류 문화에서 중요한 의미를 갖는다. 그러다 보니 정도전의 불교 비판은 정이천이나 주희의 배불론 같은 기존 척불론을 상당한 정도까지 그대로 답습하고 있다.

삼봉의 『불씨잡변』이 불교사상의 정수인 공사상(空思想)이나 불성론(佛性論) 등을 논하였다면, 정주의 불교 비판을 넘어서는 수준 높은 비판서로 자리매김되었을 것이다. 물론 불교 교학 자체에 대한 비판과 더불어 당시 여말에 실제 사회적으로 기능하였던 불교를 비판하려고 하였던 삼봉의 의도를 고려하면, 이런 사변적인 요구는 적절하지 않은 면이 있다. 그래서 비록 미진한 점이 있다 하더라도, 성리학을 근간으로 조선이라는 새로운 나라를 세우고자 불철주야 노력했던 삼봉의 공이 훼손되는 것은 아니다. 연보에 드러난 그는 그 누구보다도 치열하게 생생한 삶의 현장을 살아냈다. 살해당하던 마지막 순간까지 한편으로는 웅대한 계획을 세워 요동 정벌을 독려하고, 다른 한편으로는 사상서를 집필하느라고 쉼 없이 정진한 그에게 현대적 기준으로 좀 더 완벽한 불교 비판서를 집필하지 못했다고 비판하는 것은 지나치게 가혹하지 않은가?

| 일러두기 |

- 한자어를 한글로 풀어 쓰는 것을 원칙으로 하여 잘 알려진 한자 개념어도 한글로 풀어 쓰려고 노력했다. 예를 들어 이(理)를 '이치'로, 심(心)을 '마음'으로, 성(性)을 '본성'으로 표기한 것 등이 그렇다. 하지만 태극(太極)이나 이(理), 기(氣), 기(器), 묘심(妙心) 등 한글로 풀어 쓰면 오히려 의미 전달에 문제가 있는 용어들은 한자를 병기했다.

- 원문의 의도가 잘 전달되면서도 잘 읽히도록 직역과 윤색을 적절히 구사했다.

- 「불씨잡변」 원문에서 '按'이라고 표기해 설명한 원주는 번역 본문에 동일하게 '안'으로 표기하고 그 내용을 【 】로 묶어, 본문 이해에 도움이 되는 경우 본문에, 그렇지 않은 경우 각주로 처리했다.

- 원문은 한국고전번역원의 정리본을 활용했으나, 『한국문집총간』 원본과 대조하여 오탈자를 수정하는 작업을 거쳤다.

- 정도전의 주된 사상 배경은 유학(儒學) 특히 성리학이지만, 본문에서는 이와 더불어 유교(儒敎), 유가(儒家) 등을 문맥에 따라 호환적으로 사용했다.

| 서문 |

 나는 일찍이 부처의 말이 세상 사람을 크게 미혹시키는 것을 염려하여 아래와 같이 말했다.

 하늘[1]이 하늘 되는 이유, 사람이 사람 되는 이유를 설명하는 데에서 유교와 불교의 이론이 같지 않다. 하늘이 생긴 뒤부터 계절의 순환[2]과, 해와 달의 뜨고 짐에 모두 그 일정함이 있어 천만년의 세월이 흘러도 어긋남이 없는 것은 하늘이 하늘 되는 이유로 정해진 것이니, 불교의 그 수다스럽고 고상한 말[3]들은 모두 거짓이다.
 하늘이 음양오행(陰陽五行)으로 만물을 생성 변화시키는데, 이른바 음양오행에는 이치[理]도 있고 기운[氣]도 있으니[4], 그 온전한 것을 받으면 사람이 되고, 치우친 것을 받으면 사물이 된다. 오행의[5] 이치가 사람에게서 오상(五常)인 인의예지신(仁義禮智信)의 본성이 되고, 그 기(氣)는 간장(肝腸)·심장(心腸)·비장(脾臟)·폐장(肺腸)·신장(腎臟)의 오장(五臟)이 된다는 것이 우리 유가(儒家)의 입장이다. 한의사는 오행으로써 내장과 맥의 허실(虛實)을 진찰하여 병을 알고, 점쟁이는 오행을 가지고 운세의 흥함과 쇠퇴함을 점쳐 그 명(命)을 알게 된다. 이것은 천만년 동안 사용해도 다 경험으로 확인할 수 있는 것이니, 사람이 사람되는 이유는 정해진 것이요, 불교의 사대설(四大說)[6]은 허망한 것이다. 음양이 합쳐지는 기원으로 거슬러 올라가 사람이 태어난 이유를 알지 못한다면,[7] 음양이 분리되는 종말까지 살펴본다 한들, 사람이 죽는 이유를 어떻게 알겠는가? 그러므로 윤회설은 믿기에 부족한 것으로, 나는 이런 생각을 한 지 오래되었다.

이제 삼봉(三峯) 선생께서 저술한 『불씨잡변』 20편을 보니, 불교의 윤회설과 오행설에 대해 의복(醫卜)[8]적 논변이 아주 명백하게 갖추어져 있고, 나머지 주장도 극히 자세하며 절실하고 분명하여 다시 덧붙일 것이 없었다. 선생께서는 어려서부터 글을 읽어 이치를 밝혔고, [불교의 주장이 유행함을] 개탄하여 배운 바를 행하고 이단을 물리칠 뜻이 있었다. 강론할 때마다 정성으로 힘껏 변론하니, 배우는 자들이 모두 다 흐뭇하게 듣고 선생을 따랐다. 일찍이 『심기리(心氣理)』 3편[9]을 저술하여 우리의 도가 바르고 이단의 도가 치우쳤음을 밝히셨으니, 우리 유학[10]에 세운 공이 매우 크다.

선생은 본조(本朝)의 성상(聖上)[11]을 만나 왕도(王道)를 보좌하고 교화를 일으켜서 한 시대의 안정된 정치를 만들어냈다. 배운 도를 비록 모두 행하지는 못하였으나 어느 정도까지 행하였다고는 할 수 있다. 하지만 선생의 마음에는 오히려 흡족하지 못하여 반드시 자신의 임금을 요순(堯舜)같이, 자신의 백성을 요순 때의 백성과 같이 하고자 하였다. 그 중에서도 이단을 모두 다 물리쳐 없애지 못하는 것을 자신의 근심으로 삼았다.

　무인(戊寅)년(태조 7, 1398) 여름에 삼봉 선생은 병으로 며칠 동안 휴가를 얻었을 때, 이 책을 저술하여 나에게 보여주시면서 다음과 같이 말씀하셨다.

　불교의 폐단이 인륜(人倫)을 훼손하고 있는지라, 이대로 방치하면 앞으로 반드시 세간의 풍속이 금수처럼 되어버려서 인륜이 없어지게 될 것이야. 유학자로서 그들을 적으로 삼아 힘써 공격해야겠지. 일찍이 '내 뜻을 펼칠 기회를 얻어 행하게 되면 부처의 주장을 반드시 말끔히 물리쳐버리겠다.'고 말한 적이 있네. 이제 성상(聖上)께서 믿어주셔서, 말하면 들으시고 계획하면 따르시니, 내가 뜻을 얻었다고 하겠네. 그럼에도 아직 저들을 물리치지 못하였고, 끝내 물리치지 못할 것 같아 분을 참지 못하여 내가 이 책을 지었네. 후대의 수많은 사람들이 이에 의지하여 불교의 허망함을 모두 깨달을 수 있기를 바라는 마음뿐이야. 그 비유를 취한 것 중 비속하고 자질구레한 것이 많으며, 저들이 함부로 덤비지 못하게 하기 위해 글을 쓰다 보니 격한 감정이 많이 묻어 있네. 그러나 이 책을 보면 유학과 불교의 구분을 분명히 알 수 있을 것이야. 비록 당장 행할 수는 없다 하더라도 후세에 전할 수 있으니, 내 죽더라도 편안하리다.

내가 책을 받아서 읽어보니 모두가 적절한 말씀이어서 좋았다. 나는 이에 탄식하며 다음과 같이 말하였다.

양주(楊朱)와 묵적(墨翟)이 유학의 앞길을 막자 맹자(孟子)가 논쟁하여 물리쳤는데, 불법(佛法)이 중국에 들어오니 그 폐해가 양묵보다 더 심하였다. 선배 유학자들이 이따금 그 그릇된 점을 논박하였으나, 책을 저술할 만한 사람이 없었다. 장적(張籍)과 황보식(皇甫湜) 같은 이들이 당나라 한유(韓愈, 韓退之, 퇴지는 그의 字)에게 저술하기를 간청하여도, 한유 같은 이의 재주로도 감히 저술하지 못하였거늘, 하물며 그보다 못한 사람들이야 말해 무엇 하겠는가? 이제 선생께서 이미 힘써 변론하여 당대 사람들을 교화하고, 또 책을 써서 후세에 보여주셨으니, 우리 도(道)를 근심하는 바가 심원(深遠)하지 아니한가! 사람들이 불교에 미혹되는 것으로, 생사관(生死觀)보다 더 심한 것이 없는데, 선생께서 스스로 불교를 물리칠 수 있으면, 죽어도 편안하다고 하셨다. 이것은 사람들로 하여금 미혹을 버리게 하고자 함이니, 사람들에게 보이고자 하는 뜻이 또한 깊고도 간절하다. 맹자가 '삼성(三聖)의 계통을 잇는다.'[12]고 하였는데, 선생 또한 맹자를 계승하신 분이로다.[13] 장재(張載)[14]가 '홀로 서서도 두려워하지 않고, 정일(精一)하여 스스로를 믿으니 남보다 훨씬 뛰어난 인재'[15]라고 한 것은 참으로 선생 같은 이를 말하는 것이다. 나는 참으로 공경하고 감복하여 선생을 따라 배우고자 한다.

그러므로 이제 일찍이 말씀하신 것을 책으로 출판해서 제현(諸賢)의 질정(質正)을 기다리고자 한다.

홍무(洪武) 31년(태조 7, 1398) 5월 보름에
양촌(陽村) 권근(權近)이 서문을 쓰다.

序文

予嘗患佛氏之說, 惑世之甚, 而爲之言曰. 天之所以爲天, 人之所以爲人, 儒與佛之說不同矣. 自有曆象之後, 寒暑之往來, 日月之盈虧, 皆有其數, 用之千萬世而不差. 則天之所以爲天者定, 而佛氏須彌之說誣矣. 天以陰陽五行, 化生萬物, 而所謂陰陽五行者, 有理有氣. 得其全者爲人, 得其偏者爲物. 故五行之理, 在人而爲五常之性, 其氣爲五臟. 此吾儒之說也. 醫者以五行診其臟脈之虛實而知其病, 卜者以五行推其運氣之衰旺而知其命. 亦用之千萬世而皆驗, 則人之所以爲人者定, 而佛氏四大之說妄矣. 原其始, 不知人之所以生, 則反其終, 安知人之所以死哉. 則輪廻之說, 亦不足信. 予持此論久矣, 今觀三峯先生佛氏雜辨二十篇, 其言輪廻及五行醫卜之辨, 最爲明備, 其餘論辨, 亦極詳切而著明, 無復餘蘊矣. 先生自幼讀書明理, 慨然有行所學闢異端之志. 講論之際, 諄諄力辨, 學者翕然聽從. 嘗著心氣理三篇, 以明吾道異端之偏正, 其有功於名敎大矣. 遭逢聖朝, 彌綸王化, 以興一代之治, 所學之道, 雖未盡行, 亦庶幾矣. 而先生之心猶歉然, 必欲堯舜其君民. 至於異端, 尤以不能盡闢而悉去之爲己憂. 戊寅夏, 告病數日, 又著是書示予曰, 佛氏之害, 毀棄倫理, 必將至於率禽獸而滅人類. 主名敎者, 所當爲敵而力攻者也. 吾嘗謂得志而行, 必能闢之廓如也. 今蒙聖知, 言聽計從, 志可謂得矣. 而尙不能闢之, 則是終不得闢之矣. 憤不自已, 作爲是書, 以望後人於無窮. 欲人之皆可曉也, 故其取比多鄙瑣, 欲彼之不得肆也, 故其設詞多憤激. 然觀於此則儒佛之辨, 瞭然可知, 縱不得行於時, 猶可以傳於後, 吾死且安矣. 予受而讀之, 亹亹不倦, 乃歎曰, 楊墨塞路, 孟子辭而闢之. 佛法入中國, 其害甚於楊墨. 先儒往往雖辨其非, 然未有能成書者也. 以唐韓子之才, 籍湜輩從而請之, 猶不敢著書, 況其下乎. 今先生旣力辨以化當世, 又爲書以垂後世,憂道之念旣深遠矣. 人之惑佛, 莫甚於死生之說, 先生自以闢佛, 爲死而安. 是欲使人祛其惑也, 示人之意亦深切矣. 孟子謂承三聖之統, 先生亦繼孟子者也. 張子所謂獨立不懼, 精一自信, 有大過人之才者, 眞先生之謂矣. 予實敬服而欲學焉. 故書嘗所言者以質正云.

　洪武三十一年後五月旣望, 陽村權近序.

| 발문 |

    삼봉 선생께서 지으신 『경국전(經國典)』과 『심기리(心氣理)』 및 시문(詩文) 등은 모두 세상에 유행하고 있으나, 다만 선생께서 앞 시대의 성인을 본받고 후대 사람을 가르치고자 평생의 정력(精力)을 쏟은 『불씨잡변』 한 권은 홀로 유실되어 뜻있는 자들이 이를 한탄하였다.

    무오(戊吾)년(세종 20, 1438)에 나는 생원으로 성균관에 있었다. 이때 진사 한혁(韓奕)이 선생의 족손(族孫)이었다. 그는 자신의 집에 보관하고 있던 정리되지 않은 책 더미 속에서 이 책을 발견하여 가져와 나에게 보여주었다. 살펴보니 그 문장이 호방하고 변론이 상세하였으며, 본성과 본연의 감성을 발휘하여 남을 기만하는 주장을 배척하였으니, 참으로 우리 성문(聖門)의 울타리이며 육경(六經)의 날개이다.

그래서 내가 애지중지하여 간직한 지 오래되었다. 이제 양양(襄陽) 군수가 되어 마침 일이 없으므로, 공무(公務)를 마친 여가에 잘못된 글자 30여 자를 교정하고 공인(工人)을 시켜 간행하여, 이 책을 널리 세상에 전하고자 한다. 다행히 우리 도에 뜻이 있는 자는 이 글로 인하여 사특(邪慝)한 것을 물리치고, 이단에 미혹된 자는 이 글로 인하여 그 의심을 푼다면, 선생께서 이 글을 지어 후세에 전한 뜻이 거의 이루어지는 것이며, 우리의 도 또한 힘입은 바가 있을 것이다. 이 글이 다행히 없어지지 않고 전해지는 것이 어찌 우리 도(道)에 큰 행운이 아니겠는가?

경태(景泰)[1] 7년(세조 2, 1456) 5월 중순에 금라(金羅)[2] 윤기견(尹起畎)[3]이 공경하는 마음으로 발문(跋文)을 쓰다.

跋文

　三峯先生所著經國典心氣理及詩若文, 皆行于世. 獨此佛氏雜辨一書, 先生所以 閑先聖詔後人, 平生精力所在, 而湮沒不傳, 識者恨之. 歲戊吾, 予以生員在成均館, 吾同年韓奕, 先生之族孫也, 得此書於家藏亂帙之中, 持以示予. 觀其文辭豪逸, 辨 論纖悉, 發揮性情, 擯斥虛誕, 眞聖門之藩籬, 而六經之羽翼也.

　予愛而寶之, 藏之久矣. 今守襄陽, 適時無事, 於公暇, 校正謬誤三十餘字, 命工 刊梓, 以廣其傳, 幸有志於吾道者, 因是書而闢其邪, 惑於異端者, 因是書而釋其疑, 則先生爲書傳後之志, 庶幾遂, 而吾道亦且有所賴矣. 是書之幸存而不泯, 豈不爲吾 道之大幸哉.

　景泰七年吾月仲旬, 金羅尹起畎敬跋. (按金羅, 咸安郡別名)

01

불교의 윤회설을 논변함

사람과 만물이 생겨나고 또 생겨나[生生][1] 그치지 않는 것은 바로 천지의 조화(造化)가 운행(運行)하여 그침이 없기 때문이다. 원래 태극(太極)[2]에 움직임과 고요함[動靜]이 있어서 음양(陰陽)이 생겨났고, 음양이 변하고 합함에 따라 오행(五行)[3]이 갖추어졌다. 무극(無極)[4]과 태극(太極)의 참됨과 음양오행의 정수가 묘(妙)하게 합하여 엉기면서 사람과 만물이 계속 생생한다. 이렇게 이미 생겨난 것은 가서 지나가버리며, 아직 생겨나지 않은 것은 와서 계속 이어지니, 이 가는 것과 오는 것 사이에 한순간의 정지도 용납되지 않는다.[5]

부처는 "사람은 죽어도 그 정신은 없어지지 않는다. 따라서 다시 몸을 얻어 태어난다."고 하였다. 그래서 윤회설(輪廻說)[6]이 흥기했다. 『주역』에서 "태초로 거슬러 올라가 그 마지막까지 반추해본다면 삶과 죽음의 이치를 알 수 있다."⁷고 하였다. 또 "정과 기는 합쳐져서 사물이 되고, 떨어지면 기는 떠도는 혼(游魂)이 되어 흩어져 변화한다."⁸고 하였다.

　선유(先儒)는 이를 해석하여 다음과 같이 말했다.

　"천지의 조화는 만물을 생하고 또 생하여 다함이 없으나, 모이는 것[聚]이 있으면 반드시 흩어짐[散]이 있으며, 태어남[生]이 있으면 반드시 죽음[死]이 있다. 능히 그 시원으로 거슬러 올라가면 [기가] 모여 생명이 [탄생한다는 것을] 알 수 있고, 그 이후에는 반드시 [기가] 흩어져 죽는다는 것을 알 수 있다. 그래서 생명의 탄생은 기 변화의 스스로 그러함에서 얻어지는 것이며, 애초에 정신이 태허(太虛)⁹ 가운데에 머물러 있는 것이 아님을 알아야 한다. 그러면 죽음이란 것은 생명이 기(氣)와 더불어 흩어지는 것으로, 그 형상(形象)이 어둡고 광막함[漠] 속에 남아 있는 일이 있을 수 없다는 것을 알게 될 것이다."

　또 『주역』에서 "정(精)과 기는 합쳐져서 사물이 되고, 떨어지면 기는 떠도는 혼(游魂)이 되어 흩어져 변화한다."고 하였다. 천지 음양의 기가 서로 합쳐져서 사람과 사물을 이루었다가, 혼기(魂氣)는 하늘로 올라가고, 체백(體魄)은 땅으로 돌아가는 상태에 이른 것이 바로 변화이다. '정기가 사물이 된다.'는 것은 [음적인] 정과 [양적인] 기가 합하여 사물이 된다는 뜻이니, 정은 백(魄)이요, 기는 혼(魂)이다. '떠도는 혼이 흩어져 변화한다.'는 것에서 '변(變)'이란 바로 혼과 백이 서로 떨어져 흩어져 변하는 것이다. [여기서 말하는 '변(變)'은 일반적인 맥락에서] 변화라고 할 때의 변화가 아니라, 딱딱한 것이 썩거나 있던 것이 없어져 다시는 존재하지 않게 되는 상태를 가리킨다.

하늘과 땅 사이는 거대한 용광로와 같아서 만물을 낳기도 하지만, 만물이 모두 녹아 없어지기도 한다. 어떻게 이미 흩어진 것이 다시 합하여지며, 이미 간 것이 다시 올 수 있겠는가? 내 몸을 증거삼아 이를 다시 살펴보면, 숨을 한 번 들이쉬고 내쉬는 사이에 기가 한 번 들어갔다 나오니, 이것을 일식(一息)이라 한다. 여기서 숨을 내쉴 때 한 번 나와버린 기가 숨을 들이쉴 때 다시 들어가는 것이 아니다. 그러므로 사람의 기식(氣息)에서도 계속되어 그침이 없음과, 가는 것은 지나가고 오는 것은 계속 이어지는 이치를 볼 수 있다.

또, 내 몸 밖의 사물을 증거삼아 살펴보면, 모든 초목은 뿌리로부터 줄기, 가지, 잎, 그리고 꽃과 열매에 이르기까지 하나의 기운이 관통한다. 봄·여름철에는 그 기운이 왕성해 잎과 꽃이 무성하게 되고, 가을·겨울철에는 그 기운이 오그라들어 잎과 꽃이 쇠하여 떨어졌다가, 이듬해 봄·여름에는 또다시 무성하게 된다. 그러나 이미 떨어져버린 잎이 근원으로 돌아갔다가 다시 살아나오는 것은 아니다.

또 우물 속의 물을 살펴보자. 아침마다 길어낸 물은 음식을 만드는 사람이 불로 끓여 없애고, 옷을 세탁하는 사람이 햇볕에 말려 없애니 자취도 없이 사라져버린다. 그러나 우물의 샘 줄기에서는 계속하여 물이 솟아나 다함이 없으니, 이때 이미 길어간 물이 그 전에 있던 곳으로 돌아가 다시 솟아 나오는 것이 아니다. 모든 곡물의 증식도 마찬가지다. 봄에 열 섬의 종자를 심었다가 가을에 백 섬을 거두어들여 드디어는 천 섬, 만 섬에 이르니, 그 이익이 수십 수백 배나 된다. 이것은 곡물도 또한 끊임없이 생생(生生)함을 보여준다.

이제 불교의 윤회설에서 보면, 혈기(血氣)가 있는 모든 것은 스스로 정해진 수가 있어 오고 또 오고, 가고 또 가도 그 총합은 다시 늘어나거나 줄어드는 것이 없게 된다. 그렇다면 하늘과 땅이 사물을 창생(創生)하는 것이 도리어 농부가 이익을 내는 것만 못하게 된다. 또 혈기를 가진 생물이 인간으로 태어나지 않으면 조수(鳥獸)·어별(魚鼈)·곤충(昆蟲)류로 태어날 것이다. 그런데 그 수에 일정함이 있다면 이것이 늘어나면 저것은 반드시 줄어들고, 이것이 줄어들면 저것은 반드시 늘어날 것이며, 일시에 다 함께 늘어날 수도 없고, 일시에 다 함께 줄어들 수도 없을 것이다.

그러나 지금 보건대 흥하는 세상에서는 인구도 늘어나고 조수·어별·곤충의 수도 함께 늘어나는가 하면, 쇠하는 세상에서는 사람도 줄어들고 조수·어별·곤충도 또한 줄어든다. 이것은 사람과 만물이 모두 천지의 기로써 생겨나며, 기가 성하면 일시에 늘어나고 기가 쇠하면 일시에 줄어든다는 것을 분명하게 보여준다. 그래서 나는 불교의 윤회설이 세상을 현혹시키는 것에 대해 너무나 분개한다. 깊게는 천지의 조화에 근본하고, 사람과 만물의 생성(生成)에 관한 명백한 증거를 통하여 위와 같은 결론을 얻었으니, 나와 뜻이 같은 사람이 함께 살펴봐주면 다행이겠다.

어떤 사람은 내게 다음과 같이 물을 수 있다.

"당신은 선유(先儒)의 설을 인용해 『주역』에 있는 '떠도는 혼은 흩어져 변화한다.'는 말을 해석하여 말하기를 '혼과 백은 서로 떨어져 혼기는 하늘로 올라가고 체백은 땅으로 내려간다.'고 하였다. 이는 사람이 죽으면 혼과 백이 각각 하늘과 땅으로 돌아간다는 말이니, 불씨가 말한 '사람은 죽어도 정신은 멸하지 않는다.'는 것이 아닌가?"

이에 대해 나는 다음과 같이 대답할 것이다.

"옛날부터 사계절 내내 불은 모두 목재를 재료로 해서 얻었다. 본래 나무 가운데 불의 기운이 있으므로 나무를 가열하면 불이 피어난다. 그것은 원래 백 가운데 혼이 있어 백을 따듯하게 하면 혼이 되는 것과 같다. 그러므로 '나무를 비비면 불이 지펴진다.'는 말이 있고, 또 '형체가 이미 생기면 정신이 발하여 앎이 있게 된다.'[10]는 말도 있다. 사람에게서 형체는 백이요, 정신은 혼이다. 불이 나무를 인연으로 하여 존재하는 것은 혼과 백이 합하여 사는 것과 같다.[11] 불이 다 꺼지면 연기는 하늘로 올라가고 재는 떨어져 땅으로 돌아가게 되니, 이는 사람이 죽으면 혼기는 하늘로 올라가고 체백은 땅으로 내려가는 것과 같다. 불의 연기는 곧 사람의 혼기이며, 불의 재는 곧 사람의 체백이다. 또 화기(火氣)가 꺼져버리게 되면 연기와 재가 다시 결합하여 불이 될 수 없으므로, 사람이 죽은 후에 혼기와 체백이 또다시 결합하여 살아 있는 생명체가 될 수 없다는 이치는 명백하지 않은가?"

기(氣)의 생사관과 불교의 윤회설

삼봉은 첫 장인 '불교의 윤회설을 논변함[佛氏輪廻之辨]'의 모두에서 유학의 생명관을 대표하는 『주역』 「계사전」의 생생(生生) 관념을 언급한다. 「계사전」의 상편에서는 생명의 지속을 "생명을 낳고 또 낳는 것을 역이라 한다[生生之謂易]."고 하여 생명 창출과 지속성을 강조한다. 약동하는 생명력이 우주에 편재한다고 보는 것이 유가적 생명관의 한 특성이다. 그래서 『주역』에서는 또 "천지의 큰 덕을 생(生)이라 한다[天地之大德曰生]."고 하였다. 인간은 그 생명력을 받아서 태어났으며, 타고난 자연 생명력을 바탕으로 하되 자기 수련과 교육을 통해 도덕적 인간으로 거듭나야 한다는 것이 유가적 생명관의 특색이다.

이어 삼봉은 성리학의 개창자라 불리는 주돈이(周惇[12]頤)의 『태극도설(太極圖說)』을 활용하여 태극과 음양오행의 묘합(妙合)을 통한 생명 창출의 과정을 언급한다. 이에 의하면, 우주는 무극 혹은 태극을 시원으로 하며, 인간과 사물은 끊임없이 음양오행의 이합집산을 통해 생성되고 소멸되어 최초의 상태로 돌아간다. 이런 이해에 기초하여 정이(程頤)나 주희 같은 성리학자들은 기의 불멸성을 부정하였던 것이다. 삼봉이 여기서 기의 소멸을 언급하고 있는 이유는 이에 근거하여 불교의 윤회설을 논박하려고 하기 때문이다.

일반적으로 대승불교에서 윤회설을 보는 방식에는 두 가지가 있다. 하나는 자아 또는 정신이 존재하여 몸을 바꿔가면서 생을 거듭하여 존재한다는 신불멸론(神不滅論)이고, 다른 하나는 동일한 자아나 정신은 없지만 전생의 오온(五蘊)이 지은 업력(業力)으로 인해 현생(現生)의 오온이 발생하므로 오온 간의 연속성이 존재한다는 신멸론(神滅論)적 입장이다. 삼봉은 신불멸론은 말할 것도 없고, 신멸론도 부정한다. 삼봉이 볼 때, 죽음이라는 기의 소멸을 불교에서는 '완전한 소멸'을 의미한다고 보지 않는데, 이는 잘못이다. 삼봉이 "태초로 거슬러 올라가 그 마지막까지 반추해본다면 삶과 죽음의 이치를 알 수 있다[原始反終 故知死生]."는 『주역』의 글귀를 인용한 이유가 바로 여기에 있다. 이어서 그가 "정과 기는 합쳐져서 사물이 되고, 떨어지면 기는 떠도는 혼[游魂]이 되어 흩어져 변화한다[精氣爲物 游魂爲變]."는 『주역』「계사전」을 인용해 윤회설과 대비시킨 것도 같은 이유에서다.

사실 불교에서 이전의 육체를 주재했던 영혼이나 정신이 불멸한다고 하는 것은 아니다. 없어지지 않고 다음 생으로 유전되는 것은 현세에서 지은 업이다. 업이 바로 현세와 내세를 연결시켜주는 고리가 되고, 이로 인해 궁극적 깨달음에 도달하기 전에는 끊임없이 다시 태어나는 윤회가 성립된다. 이에 대해 삼봉은 정기설(精氣說)의 입장에서 탄생과 죽음을 설명하며, 윤회설을 비판하고 있는 것이다. 정(精)은 땅[地]에서 온 것으로 음이다. 혼백(魂魄) 중에는 백에 해당하고, 기는 하늘[天]에서 온 것으로 정과 대비해서 말할 때는 양이 된다. 혼백에서는 혼을 가리킨다. 혼백은 사람이 죽은 후에 백은 땅으로 돌아가고, 혼은 하늘로 올라가 결국에는 소멸되므로 다음 생에 영향을 주거나 현세와 다음 삶의 연속성을 매개할 수 없다. 이처럼 삼봉은 전통적인 기 소멸론의 입장에서 윤회설을 부정하고 배격한다.

유가에서는 본래 우리의 몸과 정신을 이원론적으로 나누어 보지 않는다. 신체가 갖추어지면 이를 근거로 발생하는 한 현상으로 생각하기에 정신이 존재론적으로 육체보다 높은 위상을 가지는 것이 아니다. 그러므로 기가 흩어지면, 정신 작용도 함께 소멸되게 된다. 그래서 윤회설처럼 사후에 다시 다른 몸을 받아 태어난다는 것은 부정된다. 물론 불교 역시 불멸적인 자아 동일성에 입각해 불멸하는 영혼의 윤회를 주장하는 것은 아니다. 만약 그렇다면, 기독교적 영혼불멸설과 다른 차이점을 찾기가 쉽지 않다. 그런데 불교에서는 개체가 전생에서 행한 업의 힘은 그 개체를 구성하는 오온이 소멸해도 남아, 그다음 개체의 오온을 형성하게 될 때 일정한 영향을 미친다고 주장한다.[13] 물론 이런 점은 더 설명해야 할 부분이 분명히 존재하지만, 불교에서는 이 점에서 업을 매개로 한 윤회를 주장한다.

유학에서는 부모와 자식의 기를 동일한 것으로 생각하므로 기의 연속성은 부자간에서 찾을 수 있다. 그러나 이것은 부모 자식 간의 기가 동일하다는 뜻이 아니라, 기의 종류가 같다는 의미이다. 왜냐하면 부모의 기는 부모 사망 시와 그 이후에 점차로 흩어져 없어지게 되기 때문이다.[14] 유학자인 삼봉은 한 개체가 죽음에 이르면 그 개체를 형성했던 기가 소멸하면서 동시에 정신이라는 것도 없어진다고 본다. 그러므로 다음 개체를 이루는 기는 앞서 흩어진 기와는 완전히 다른 새로운 기이다. 이처럼 그는 업력에 의한 불교적 윤회설을 반박하기 위해 기의 소멸을 주장한다. 기는 흩어지면서 동시에 멸하므로 다시 화합하여 그다음의 개체를 이루는 일은 있을 수 없다. 따라서 업에 의한 연속성을 주장하는 윤회설은 틀렸다.

佛氏輪廻之辨

人物之生生而無窮, 乃天地之化, 運行而不已者也. 原夫太極有動靜而陰陽生, 陰陽有變合而五行具. 於是無極太極之眞, 陰陽五行之精, 妙合而凝, 人物生生焉. 其已生者往而過, 未生者來而續, 其間不容一息之停也.

佛之言曰, 人死精神不滅, 隨復受形, 於是輪廻之說興焉. 易曰, 原始反終, 故知死生之說. 又曰, 精氣爲物, 游魂爲變. 先儒解之曰, 天地之化, 雖生生不窮, 然而有聚必有散, 有生必有死. 能原其始而知其聚之生, 則必知其後之必散而死. 能知其生也得於氣化之自然, 初無精神寄寓於太虛之中, 則知其死也與氣而俱散, 無復更有形象尙留於冥漠之內.

又曰, 精氣爲物, 游魂爲變. 天地陰陽之氣交合, 便成人物, 到得魂氣歸于天, 體魄歸于地, 便是變了. 精氣爲物, 是合精與氣而成物, 精魄而氣魂也. 游魂爲變, 變則是魂魄相離, 游散而變. 變非變化之變, 旣是變則堅者腐存者亡, 更無物也.

天地間如烘爐, 雖生物, 皆銷鑠已盡, 安有已散者復合, 而已往者復來乎. 今且驗之吾身, 一呼一吸之間, 氣一出焉, 謂之一息. 其呼而出者, 非吸而入之也. 然則人之氣息, 亦生生不窮, 而往者過, 來者續之理, 可見也. 外而驗之於物, 凡草木自根而幹而枝而葉而華實, 一氣通貫. 當春夏時, 其氣滋至而華葉暢茂, 至秋冬, 其氣收斂而華葉衰落. 至明年春夏, 又復暢茂, 非已落之葉, 返本歸源而復生也. 又井中之水, 朝朝而汲之, 爨飮食者, 火煮而盡之, 濯衣服者, 日暴而乾之, 泯然無跡. 而井中之泉, 源源而出, 無有窮盡, 非已汲之水, 返其故處而復生也. 且百穀之生也. 春而種十石, 秋而收百石, 以至千萬, 其利倍蓰, 是百穀亦生生也.

今以佛氏輪廻之說觀之, 凡有血氣者, 自有定數, 來來去去, 無復增損. 然則天地之造物, 反不如農夫之生利也. 且血氣之屬, 不爲人類則爲鳥獸魚鼈昆蟲, 其數有定, 此蕃則彼必耗矣, 此耗則彼必蕃矣. 不應一時俱蕃, 一時俱耗矣. 自今觀之, 當盛世, 人類番庶, 鳥獸魚鼈昆蟲亦蕃庶, 當衰世, 人物耗損, 鳥獸魚鼈昆蟲亦耗損. 是人與萬物, 皆爲天地之氣所生, 故氣盛則一時蕃庶, 氣衰則一時耗損, 明矣. 予慎佛氏輪廻之說惑世尤甚, 幽而質諸天地之化, 明而驗諸人物之生, 得其說如此, 與我同志者, 幸共鑑焉.

或問, 子引先儒之說, 解易之游魂爲變曰, 魂與魄相離, 魂氣歸於天, 體魄降于地. 是人死則魂魄各歸于天地, 非佛氏所謂人死精神不滅者耶. 曰, 古者, 四時之火皆取於木, 是木中元有火, 木熱則生火, 猶魄中元有魂, 魄煖者爲魂. 故曰鑽木出火, 又曰形旣生矣, 神發知矣. 形, 魄也, 神, 魂也. 火緣木而存, 猶魂魄合而生. 火滅則煙氣升而歸于天, 灰燼降而歸于地. 猶人死則魂氣升于天, 體魄降于地. 火之煙氣, 卽人之魂氣, 火之灰燼, 卽人之體魄. 且火氣滅矣, 煙氣灰燼, 不復合而爲火, 則人死之後, 魂氣體魄, 亦不復合而爲物. 其理豈不明甚也哉.

02

불교의 인과설을 논변함

어떤 사람이 다음처럼 물었다.

"자네가 불교의 윤회설을 논박한 것은 매우 지당하네. 또 자네는 사람과 사물이 모두 음양의 기운을 받아 생성되었다고 말했네. 그런데 사람 중에는 지혜롭고 어리석고, 어질고 어질지 않고, 가난하고 부유하고, 고귀하고 비천하고, 장수하고 요절하는 차이가 있네. 동물 중에도 사람에게 부림을 당해 고생하다가 도륙을 당하는 것이 있고, 그물이나 낚시, 작살에 잡혀 해를 입는 것이 있고, 크고 작고 강하고 약한 것들이 서로 잡아먹는 등 여러 종류가 있네. 하늘이 만물을 낳음에 하나하나에 각각 다른 명(命)을 부여한 바가 어찌 이렇게 치우쳐서 고르지 못할까? 이로써 보면, 살아 있을 때 지은 선악의 업(業)¹에 보응이 있다고 한 부처의 말에 수긍이 가는 그런 측면이 있다고 할 수밖에 없지 않은가? 살아 있을 때 지은 선악을 원인이라고 하고 훗날의 보응을 결과라 일컫는다면,

이런 주장은 또한 근거가 있지 않은가?"

　나는 이런 질문에 다음과 같이 답할 것이다.

　"나는 앞에서 이미 인간과 사물이 생생하는 이치를 모두 논하였으니, 이를 이해한다면 윤회설이 스스로 분별될 것이다. 윤회설이 분별되면 인과설도 내가 변론하지 않아도 스스로 명백해질 것이다. 그러나 그대가 이미 질문하였으니, 내가 감히 그 근본을 따져 다시 말하지 않을 수 없다.²

　대저 음양오행은 서로 교차하면서 운행되고 서로 드나들어 가지런하지 않다.³ 그러므로 기에는 본래 통하고 막히고, 치우치고 바르고, 맑고 흐리고, 두껍고 얇고, 높고 낮고, 길고 짧음의 차이가 있다. 그래서 사람과 사물이 생겨날 때 그 태어나는 상황에 따라 바르고 통한 기를 얻으면 사람이 되고, 치우치고 막힌 기를 얻으면 사물이 된다. 사람과 사물의 귀함과 천함이 여기서 나뉜다. 사람에게 있어서도 맑은 기를 얻은 자는 지혜롭고 어질게 되고, 탁한 기를 얻은 자는 어리석고 어질지 않게 되고, 두터운 기를 얻은 자는 부유하게 되고, 옅은 기를 얻은 자는 가난하게 된다. 또 고상한 기를 얻은 자는 귀하게 되고, 천한 기를 얻은 자는 천하게 되고, 긴 기를 얻은 자는 장수하고 짧은 기를 얻은 자는 요절하니, 이것이 사람 사이에 차이가 생기는 대략적인 이유이다. 그런데 사물의 경우도 마찬가지다. 기린·용·봉황의 신령스러움, 호랑이·이리·뱀의 독살스러움, 참죽나무·월계수·난초의 상서로움, 오훼·씀바귀의 씀 같은 것들은 기가 치우치고 막힌 가운데서도 또 좋고 나쁨의 차이에 따라 구별된다. 하지만 이것은 어떤 의도에 의해서 이렇게 되는 것이 아니다.[4] 『주역』에서 '건도(乾道)가 변화하여 만물의 본성과 명(命)이 정해진다.'[5]고 하고, 선유(先儒)가 '하늘의 도는 사심이 없어 만물에 두루 공평하다'고 한 것이 바로 이 뜻이다.

오늘날 의술이나 점을 치는 것은 작은 기술에 불과하다. 하지만 점쟁이가 다른 사람의 화복을 점칠 때에도 반드시 오행이 쇠퇴하고 흥성함에 근본해서 미루어 판단해야 한다. 즉 어떤 사람이 나무의 명운[木命]을 지녔으면 그는 봄이 되어서는 왕성했다가 가을이 되어서는 쇠약해지며, 용모는 청아하고 키가 크고, 마음은 자애롭고 어질다고 본다. 또 어떤 사람이 쇠의 명운[金命]을 지녔으면, 그는 가을에는 길하고 여름에는 흉하며, 피부는 희고 얼굴 용모는 각지며, 마음은 강하고 밝다고 점쟁이는 말하게 된다. 물의 명운이나 불의 명운을 지닌 사람 또한 모두 이렇지 않음이 없다. 사람 용모의 추함이나 비루함, 어리석음과 난폭함이 모두 품부받은 오행이 치우친 데 근원한다.

또 의원이 사람의 질병을 진찰할 때도 반드시 오행이 서로 감응하는 것에 근본해서 판단해야 한다. 어떤 사람의 질병이 한증(寒症)이면 이는 신장의 수기(水氣)가 문제이고, 어떤 사람의 질병이 온증(溫症)이면 이는 심장의 화기(火氣)가 문제라고 진찰하는 유가 바로 이것이다. 약제를 쓸 때도 약의 성분이 따듯하고 시원하고 차고 더운 것, 또 맛이 시고 짜고 달고 쓴 것에 따라 음양오행으로 나누어 약을 조제하면 들어맞지 않는 것이 없다.[6]

이는 우리 유가의 이론으로, 사람과 만물이 음양오행의 기운을 얻어 생겨난다는 것이 이렇게 분명하게 검증되므로 의심의 여지가 없다. 불교의 주장처럼 사람의 화복과 질병이 음양오행과 관계없으며 모두 인과적 응보에서 기인한 것이라면, 우리 유가가 말하는 음양오행 이론을 버리고 불교에서 말하는 인과응보설로 사람의 화복을 예측하고 병을 치료하는 사람이 어째서 한 사람도 없는가? 불교의 주장이 황당하고 오류투성이여서 믿을 수 없는 것이 이와 같은데, 그대는 아직도 미혹되어 있는가?"

이제 지극히 적절하고 쉽게 관찰할 수 있는 비유를 들어보자. 술이 만들어지는 과정에서 누룩과 엿기름의 과다, 질항아리가 잘 구워지고 덜 구워진 것, 온도의 높고 낮음, 숙성 기간의 길고 짧음이라는 여러 요소가 적절히 들어맞으면 술맛이 아주 그윽하게 된다. 만약 엿기름이 많으면 달고, 누룩이 많으면 쓰고, 물이 많으면 싱겁게 된다. 물, 누룩, 엿기름이 꼭 알맞게 들어갔어도, 항아리의 상태, 온도의 높고 낮음이나 숙성 기간의 길고 짧음이 서로 맞지 않아 균형이 맞지 않으면 술맛이 변해버린다. 그리고 맛의 진함과 심심함에 따라 상품과 하품의 차이가 있게 된다. 지게미 같은 것은 더러운 땅에 버려져 행인의 발길에 차이고 밟힐 뿐이다. 그러니 술이 좋은지 나쁜지, 상품인지 하품인지, 마시기도 하고 버리는 것 등은 본래 우연히 그렇게 되어서 그럴 뿐이다. 이를 어찌 인과의 보응에 따라서 그렇게 된다고 하겠는가? 이런 비유는 좀 속되지만 분명하고 미진함이 없다.[7]

음양오행의 기는 서로 교차되면서 운행되고 서로 드나들어 고르지 않다. 그래서 인간과 사물이 생성되는 수많은 변화가 만들어지는 것이고, 그 이치가 또한 이와 같다. 성인은 가르침을 베풀어서 배우는 자들의 기질을 변화시켜[8] 성현에 이르게 하거나, 나라를 다스리는 자로 하여금 나라가 쇠퇴하는 길을 벗어나 편안하게 다스려지는 길로 나아가게 한다. 이것이 성인께서 음양의 기운을 돌려서 천지의 화육을 돕고, 우리가 천지와 더불어 설 수 있도록[9] 돕는 이유이다. 그러니 불교의 인과설이 어찌 이 세상에서 통용될 수 있겠는가?

윤회와 인과적 결정론

본 장에서 논하는 인과의 개념은 불교적 세계관의 근간이라고 할 수 있는 윤회설의 이론적 근거가 된다. 기본적으로 불교는 연기법과 제행무상(諸行無常), 제법무아(諸法無我)의 가르침에 따라 고정된 자아나 실체가 없음[無實體觀]을 주장한다. 불교에서는 혈기를 가진 모든 생명체들이 제각각 차이와 특징을 지니고, 삼세에 윤회하는 까닭은 업력[업의 인과]이 윤회하고 있기 때문이라고 설명한다. 인간이 살아생전에 지은 업보에 따라 새로 받게 되는 몸의 형태와 종류는 천차만별이며, 사람이 살아가는 동안에도 역시 인과법칙이 적용되어 적절하게 보응받는다. 불교의 인과응보설은 세상의 모든 일과 업이 인과관계로 전개된다는 것으로, 윤회설의 이론적 핵심이 된다. 윤회는 철저하게 스스로 지은 대로 받는다는 자업자득(自業自得)의 논리에 기초하고 있다. 자신이 착한 일을 하였으면 착한 결과를 받고, 악한 일을 하였으면 악한 결과를 받는[善因善果惡因惡果] 것으로 자기 책임적이다.

일반적으로 불교에서는 육도윤회(六道輪廻), 즉 생명체는 여섯 세계를 윤회한다고 한다. 첫째는 지옥도(地獄道)로서 가장 고통이 심한 세상이다. 둘째는 아귀도(餓鬼道)로 지옥보다는 육체적인 고통이 적으나 굶주림이 주는 괴로움이 심하다. 셋째는 축생도(畜生道)로 여기에서 축생은 네 발 달린 짐승을 비롯하여 새·벌레·뱀까지도 모두 포함된다. 넷째는 아수라도(阿修羅道)로 노여움이 가득 찬 세상을 말한다. 남의 잘못을 철저하게 따지고 들추어 규탄하는 사람은 이 세계에 태어나게 된다. 다섯째는 인간이 사는 인도(人道)이고, 여섯째는 행복이 가득한 하늘 세계의 천도(天道)이다. 육도윤회에 의하면 인간은 현세에서 저지른 업에 따라 죽은 뒤에 다시 여섯 세계 중의 한 곳에서 태어나며, 다시 그 내세에 사는 동안 저지른 업에 따라 내내세에 다시 태어나는 윤회를 계속한다. 이러한 윤회는 윤리적인 측면, 즉 권선징악적 의미에서 강조되어왔다.[10] 그런데 권선징악을 넘어선 깨달음의 차원에서도 윤회설이 강조되었다. 윤회한다는 것은 고(苦)이므로 윤회에서 벗어나 열반에 드는 것을 중요시하였던 것이다. 따라서 현세의 삶에서 자신의 마음을 잘 다스려 언제나 열반의 세계에 있는 것과 같은 깨달음의 상태를 유지하는 게 중요했다.

우리나라에서 윤회사상은 삼국시대와 고려시대를 거치면서 민간에서 크게 유행하였다. 예를 들어 일연의 『삼국유사』에는 윤회에 대한 풍부한 예화가 많이 등장한다. 삼국 혹은 고려시대에는 직접 선행과 수행을 행해 깨달음을 추구하는 것보다 좋은 세상에 태어나기를 바라면서 기복의식 등을 통하여 내세를 기약하고자 하는 경우가 많았다. 이와 같은 그릇된 실천 때문에 불교의 윤회설은 고려 말기와 조선 초기에 유생들이 크게 비판을 하게 되었던 것인데, 그 대표 주자가 바로 정도전이다.

그래서 1장의 윤회설 비판은 바로 인과응보설 비판으로 이어지게 된다. 삼봉에 따르면 각 개체는 새로 생성된 기에 의해 새롭게 생겨나는 것이지 이미 있던 기, 그것도 전생의 기로부터 생성되는 것이 아니다. 따라서 전생의 업으로부터 영향을 받아 현생의 오온(五蘊)이 형성된다는 것은 있을 수가 없다. 새로운 개체를 형성하는 기의 새로운 응결은 새로 발생한 기운의 우연적 조합에 따라 생겨나는 것이며, 어떤 인과적 응보나 필연성에 의해 조성되는 것이 아니다.

유가의 기론에 의하면 음양오행의 기는 통함과 막힘, 치우침과 바름, 맑음과 탁함, 두꺼움과 얇음, 높고 낮음, 길고 짧음의 차이가 있다. 그리하여 사람과 만물이 생겨남에 적절한 때를 만나 바르고 통한 기를 얻은 것은 사람이 되고, 치우치고 막힌 기를 얻은 것은 사물이 된다. 사람과 사물의 귀하고 천함은 여기에서 나뉜다. 현생의 내가 전생의 내가 지은 선악의 업에 따른 결과적 보응이라는 것은 있을 수 없는 일이다. 사람과 사물이 서로 다른 것, 그리고 사람 사이에도 차이가 존재하는 것은 모두 이와 같은 기의 우연한 조합에 의한 것이지 전생의 삶이나 업력 등과는 아무런 관련이 없다. 따라서 막히고, 치우치고, 탁한 기를 부여받은 이들은 이를 극복하기 위해 끊임없이 자신을 수양하여야 한다. 여기서 논리적으로 유학의 수양론이 강조될 여지가 생긴다. 업의 인과설이 유학의 수양론과 완전히 모순관계에 있는 것은 아니지만, 도덕 수련을 통해 현인이나 성인으로 거듭날 것을 주장하는 유학의 수양론에서 바라보면 인과론이 함유하고 있는 결정론적 요소가 비논리적으로 보일 수 있다. 본성을 선하다고, 혹은 악하다고 봤더라도 자신을 닦는[修己] 후천적 노력을 통해 타고난 본성을 변화 완성[化成]시킬 수 있다고 본 유학의 주류 인성론의 시각과 결정론적인 요소는 분명 대립되는 지점이 있다. 본 장에서 삼봉은 이를 비판하고, 부정한다.

그런데 본 장의 후반부에서 삼봉이 음양오행의 운행으로 미래에 일어날 일을 예측하기도 하고, 몸의 상태를 파악하기도 하는 것이 점술(占術)이나 복술(卜術)을 유행하게 하고, 의학을 발전시켰다고 지적하는 이유가 무엇일까? 삼봉에 의하면 당시 그의 주변에서 인과응보설이나 윤회설을 가지고 점을 보거나 질병을 진단하는 사람은 찾아볼 수 없었다. 사람들이 살아가면서 가장 많이 느끼게 되는 미래에 대한 불안감, 질병에 대한 걱정을 음양오행을 통해 해소하려는 사람들이 많다는 것을 어떻게 이해해야 할까? 그만큼 전생의 업력이 현생을 결정한다는 불교의 주장보다는 음양오행의 끊임없는 변화와 운동으로 지금의 내가 존재함을 믿는 사람이 더 많다는 의미라고 삼봉은 지적하고 싶은 것이다. 사람들이 유가적 음양오행설을 더 신뢰한다는 점은 분명 불교의 인과설이 설득력이 떨어지기 때문이라는 것이다. 삼봉은 모든 방면에서 불교를 비판하고자 하는 의도 때문에 이처럼 결과주의적 논점까지 활용해 자신의 주장을 정당화하고자 하고 있다.

佛氏因果之辨

或曰, 吾子辨佛氏輪廻之說, 至矣. 子言人物皆得陰陽五行之氣以生. 今夫人則有智愚賢不肖, 貧富貴賤壽夭之不同. 物則有爲人所 畜役, 勞苦至死而不辭者, 有未免網羅釣弋之害, 大小強弱之自相食者. 天之生物, 一賦一與, 何其僞而不均如是耶. 以此而言釋氏所謂生時所作善惡, 皆有報應者, 不其然乎? 且生時所作善惡, 是之謂因, 他日報應, 是之謂果. 此其說, 不亦有所據歟?

曰, 予於上論人物生生之理悉矣. 知此則輪廻之說自辨矣. 輪廻之說 辨, 則因果之說, 不辨而自明矣. 然子旣有問焉, 予敢不推本而重言之, 夫所謂陰陽五行者, 交運迭行, 參差不齊. 故其氣也有通塞偏正清濁厚薄高下長短之異焉. 而人物之生, 適當其時, 得其正且通者爲人. 得其偏且塞者爲物. 人與物之貴賤, 於此焉分. 又在於人, 得其淸者智且賢, 得其濁者愚不肖, 厚者富而薄者貧, 高者貴而下者賤, 長者壽而短者夭, 此其大略也. 雖物亦然. 若麒麟龍鳳之爲靈, 虎狼蛇虺之爲毒, 椿桂芝蘭之爲瑞, 烏喙菫茶之爲苦, 是皆就於偏塞之中而又有善惡之不同. 然皆非有意而爲之. 易曰, 乾道變化, 各定性命, 先儒曰, 天道無心而普萬物, 是也. 今夫醫卜, 小數也, 卜者定人之禍福, 必推本於五行之衰旺. 至曰, 某人以木爲命, 當春而旺, 當秋而衰. 其象貌靑而長, 其心慈而仁. 某人以金爲命, 吉於秋而凶於夏, 其象貌白而方, 其心剛而明. 曰水曰火, 莫不皆然, 而象貌之醜陋, 心識之愚暴, 亦皆本於五行稟賦之偏. 醫者診人之疾病, 又必推本於五行之相感. 乃曰, 某之病寒, 乃腎水之證, 某之病溫, 乃心火之證之類是也. 其命藥也, 以其性之溫涼寒熱, 味之酸鹹甘苦, 分屬陰陽五行而劑之, 無不符合. 此吾儒之說, 以人物之生, 爲得於陰陽五行之氣者, 明有左驗, 無可疑矣. 信如佛氏之說, 則人之禍福疾病, 無與於陰陽五行, 而皆出於因果之報應, 何無一人捨吾儒所謂陰陽五行, 而以佛氏所說因果報應, 定人禍福, 診人疾病歟. 其說荒唐謬誤無足取信如此, 子尙惑其說歟.

今以至切而易見者比之. 酒之爲物也, 麴蘖之多寡, 瓷甕之生熟, 日時之寒熱久近適相當, 則其味爲甚旨. 若蘖多則味甘, 麴多則味苦, 水多則味淡. 水與麴蘖適相當, 而瓷甕之生熟, 日時之寒熱久近, 相違而不相合, 則酒之味有變焉. 而隨其味之厚薄, 其用亦有上下之異, 若其糟粕則委之汚下之地, 或有蹴踏之者矣. 然則酒之或旨或不旨或上或下或用或棄者, 此固適然而爲之耳, 亦有所作因果之報應歟. 此喩雖淺近鄙俚, 亦可謂明且盡矣. 所謂陰陽五行之氣, 相推迭運, 參差不齊, 而人物之萬變生焉, 其理亦猶是也. 聖人設敎, 使學者變化氣質, 至於聖賢, 治國者, 轉衰亡而進治安. 此聖人所以廻陰陽之氣, 以致參贊之功者, 佛氏因果之說, 豈能行於其間哉.

03

마음과 본성에 대한 불교 이론을 논변함

　마음은 사람이 하늘에서 받아 가지고 태어난 기로서, 허령하면서도 어둡지 않아[虛靈不昧]¹ 일신의 주인이 된다. 본성은 사람이 하늘에서 받아 가지고 태어난 이치[理]로서 순수하고 지극히 선한 것으로 마음에 구비되어 있다. 마음에는 앎[知]이 있고 행함[爲]이 있으나 본성에는 앎도 없고 행함도 없다. 그러므로 "마음은 본성을 온전히 실현할 수 있지만, 본성은 마음을 단속하지 못한다."라고 한다. 그리고 또 "마음은 감정[情]과 본성을 통솔한다."²라고 하고, "마음은 신명(神明)의 집이요, 본성은 마음에 구비되어 있는 이치이다."라고 말한다. 이를 보면 마음과 본성이 구분됨을 알 수 있다.

　그런데 불교는 마음을 본성으로 여겨 양자를 구분하지 않고 주장하다가 이론적으로 잘 안 되니까, "미혹되면 즉 마음이요, 깨달으면 즉 본성이다."라고 말한다. 또 "마음과 본성의 명칭이 다른 것은 안(眼)과 목

(目)의 명칭이 다른 것과 같다."고 한다. 『능엄경(楞嚴經)』에서는 "온전하고 오묘한 밝은 마음[明心]이여! 밝고 오묘하고 온전한 본성[圓性]이여!"라고 하면서 밝음[明]과 온전함[圓]을 구분하였다.【안: 『능엄경』에서 다음과 같이 말했다. '너희들은 본묘(本妙)를 잃어버렸다. 원묘(圓妙)하고 밝은 마음[明心]이고, 보배 같은 밝음[寶明]은 묘성(妙性)이라고 하지만, 깨달음을 잘못 인식해서 그 속에서 미혹되었다. 마음이 묘함[妙]을 따라서 밝음[明]을 일으켜 원만하게 비추는 것은 거울이 사물을 비추는 것과 같다. 그러므로 원명(圓明)한 묘심(妙心)이라 했다. 성은 그 자체가 명묘(明妙)하니 응결되어 고요함이 거울의 본체와 같으므로 보배 같은 밝은[寶明] 묘성(妙性)이라 했다.】[3] 보조[4]도 "마음 밖에 부처가 없고, 본성 밖에 법(法)이 없다."[5]라고 했는데, 이 또한 불과 법을 구분하여 말한 것이다. 이런 말에는 무엇인가 통찰한 바가 있어 보이지만 그럴듯한 것을 상상해서 얻은 것일 뿐이고, 크고 탁 트여 참됨을 꿰뚫어 보는 통찰력이 없다. 그 진술 대부분은 요점이 없어 듣고 흘려버릴 말에 불과하고 분명한 논리가 결여되어 있어, 그들 주장의 실상을 알 수 있다.

우리 유가는 "그 마음을 다하면 본성을 알 수 있다."고 주장한다. 이것은 마음에 근거하여 이치[理]를 탐구하는 것이다. 불가는 "마음을 보면 곧 본성을 본다. 본성 또한 마음이다."라고 주장한다. 이는 하나의 마음으로써 또 하나의 마음을 본다는 뜻인데, 어떻게 마음이 두 개이겠는가? 그들 스스로 자신들의 주장이 궁색함을 깨달아 "마음으로 마음을 본다는 것은 마치 입으로 입을 씹는다는 것과 같다. 응당 보지 않는 것으로 보아야 한다."고 그럴듯하게 꾸며대는데, 이게 도대체 무슨 말인가?

또 우리 유가에서는 다음과 같이 말한다. "가슴의 한 치 사이가 텅 비고 신령하여 뭇 이치를 갖추어 만사에 응대한다."[6] 여기서 "텅 비고 신령하여"는 마음이고, "뭇 이치를 갖추어"라는 것은 본성을 가리킨다. 그리고 "만사에 응대한다."는 것은 정(情)을 가리킨다. 즉, 이 마음이 모든 사물의 이치를 구비하고 있으므로, 사물이나 사태를 접할 때마다 응대하여 마땅함을 얻지 못하는 바가 없다. 마음이 사태의 마땅함에 처하는가 그렇지 못하는가 하는 것은 사물이 나의 명령을 듣는가 듣지 않는가에 달려 있다.

이것은 우리 유가의 학문이 안으로는 몸과 마음으로부터, 밖으로는 사물에 이르기까지 근원부터 말단까지 하나로 관통되어 있음을 말해준다. 이는 마치 근원이 있는 샘물이 만 갈래로 흘러 나가도 물이 아닌 것이 없는 것과 같다. 또 눈금이 있는 저울을 가지고 물건을 잴 때, 물건의 무게와 추가 움직이는 저울대의 눈금이 항상 서로 들어맞는 것과도 같다. 이것이 이른바 끊어짐이 없다고 하는 것이다.

부처는 "공적영지(空寂靈知)는 인연을 따르지만 변하지 않는다."[7]라고 말한다. 【안: 부처는 진정심[眞淨心, 참되고 깨끗한 마음]이 인연에 따라 변하는 것이 현상[相]이고, 변하지 않는 것이 성(性)이라 생각하였다. 한 덩어리의 순금이 크고 작은 그릇으로 변하는 것 등이 수연상[隨緣相, 인연을 따르는 현상]이고, 금이 어떻게 변하든 금의 본래 성질[性]은 변하지 않는 것이 성이다. 하나의 진정심(眞淨心)이 선악에 따라 더렵혀지거나 깨끗해지는 것이 수연상이고, 본래의 마음이 변하지 않는 것은 성이다.} 이른바 이치라는 것이 마음속에 갖추어져 있지 않기 때문에 사물을 대함에 막힌 것은 끊어버리려고 하고, 트인 것은 따르려고 한다. 하지만 끊어버린다고 하는 것이 본래 잘못이며, 따른다고 하는 것도 역시 잘못이다. 그래서 불가에서 "인연을 따라 되는대로 행하고, 본성에 맡겨 소요 자재한다."고 말하지만, 이는 사물이 스스로 그렇게 되는 대로 내버려둔다는 것뿐이고, 옳고 그른 것을 통제하여 사태에 알맞게 대처하는 것이 아니다.

  마음은 하늘 위의 달과 같고, 마음에 응하는 것은 강에 비친 그림자와 같다. 달은 실제의 사물이지만 강에 비친 것은 허망한 그림자일 뿐이니, 달과 그림자 사이에는 연속성이 없다. 이는 마치 눈금이 없는 저울대를 가지고 천하의 사물을 저울질하겠다는 것과 같은 일이다. 저울 쟁반 위에 올려진 물건이 가벼운가 무거운가, 저울대가 내려가는가 올라가는가를 그냥 물건에만 맡겨둔다면 내가 추를 움직여서 사물의 무게를 재는 행위가 없게 된다. 그래서 나는 다음과 같이 주장한다. "불교는 공허하고, 우리 유가는 실질적이다. 불교는 원리가 둘이며, 우리 유가는 하나이다. 불교는 단절이 있고, 우리 유가는 연속된다."[8] 배우는 자들은 응당 이 점을 명확히 분별해야만 한다.

불교와 성리학의 심성론

본 장에서는 성리학의 심성(心性)론에 기초하여 불교의 심성론에 대해 해석하고 있으므로, 성리학의 심성론에 대해 먼저 살펴보아야 한다. 본 장의 내용을 보면 삼봉의 주자 성리학에 대한 조예가 상당히 깊다는 것을 알 수 있다. 본문에서 그는 주자학의 근간을 이루는 심성정(心性情)과 그 관계를 제대로 풀이하고 있다. 주자학에서는 마음[心]을 곧 이치[理]로 여기는 심학의 심즉리(心卽理)와 달리 마음이 이치를 포함하고 있다는 심구중리(心具衆理)의 입장을 취한다. 마음과 이치의 분리와 상호 연관을 강조하면서도 이치의 주재성을 동시에 강조하고자 하기 때문이다. 즉 성즉리(性卽理)는 '심즉리'와 달리 우리들의 일상적 삶에 내재하는 이치가 우리의 행동을 규제해주는 법칙으로서의 역할을 해야 한다고 주장한다. 이것이 주자가 일반적인 오해와 달리 심시리(心是理)를 언급했음에도, '성즉리'를 강조한 이유이다. 사실 일반적으로 주자 철학의 모토를 '성즉리'로 한정하여 이해하지만, 이는 편의를 위한 것이거나 주자학에 대한 몰이해 때문이다.

마음과 이치에 대해 주희는 "우리들은 마음과 이치를 하나로 생각하지만 저들은 마음과 이치를 둘로 여긴다[吾以心與理爲一 彼以心與理爲二]." 또, "저들 불교도들은 마음은 공(空)하여 이치가 없다고 하고, 우리 유가에서는 마음은 비록 공(空)하지만 모든 이치가 구비되어 있다고 본다[彼見得心空而無理 此見得心雖空而萬里咸備也]."고 지적한다. 주희는 또 같은 곳에서 "비록 마음과 이치를 하나라고 말하더라도 기품과 물

욕의 사사로움을 관찰하지 않는다면 제대로 파악할 수가 없으니, 잘못을 저지르게 된다."고 부언한다.[9]

　마음은 기의 정상(精爽)으로 마음이 모든 이치를 갖추고 있기 때문에, 사물이나 사건에 응하게 되면 각각의 도리에 부합하게 된다. 다시 말해, 주자학에서 말하는 마음은 이치가 마음속에 갖추어져 있는 것으로 불교의 공적심(空寂心)과는 다른 실한 마음[實心]이다.[10] 그래서 불교는 허하여 없고[虛而無], 유학은 허하지만 있는 것[虛而有]이다. 주자학에서는 마음의 주재하에서 각각의 본성[性]을 인식할 수 있고 실현할 수 있다고 본다. 반면 삼봉이 보기에, 불교는 마음 안에 구비된 이치나 마음과 구분되는 이치 혹은 본성[性]을 인정하지 않고 마음 자체를 본성이라 주장한다. 불교의 이러한 관점을 삼봉은 보편적 이치가 부여되지 않은 공적(空寂)한 마음이라고 보는 것이다. 그래서 삼봉은 불교가 허심(虛心)의 직관만을 강조하고, 마음에 구비되는 이치를 부정함으로써 인간의 도덕성이나 우주의 근본 원리 등을 제대로 밝힐 수 없다고 비판한다.[11]

　성리학의 마음과 본성의 차이에 근거한 이런 지적은 다음 장의 '작용을 본성이라 여기는 불교 이론을 논변함'에서 다시 설명된다. 주희 성리학에서 본성은 형이상자(形而上者)인 원리로서 이치이며, 마음은 활동하고 지각과 작용을 일으키는 기적 요소를 가지고 있다. 마음이 허령불매(虛靈不昧)하여 그 안에 이치인 본성을 갖추고 있으므로, 마음이 사물과 사건에 응대해 움직여도 마땅함[義]을 지킬 수 있게 된다. 하지만 삼봉을 포함한 대부분의 성리학자들에게 불교의 마음은 그저 허령하기만

할 뿐, 고요하고 결국에는 소멸되고 마는 허무적멸한 것으로 이해되었을 뿐이다.

본 장에서는 마음과 본성을 주로 언급해서, 상대적으로 정(情)을 언급한 부분은 적은데, '심성정(心性情)'이 3자에 대해 주자는 다음과 같이 말한다. "본성은 마음의 이치이고, 감정은 본성의 움직임이며, 마음은 본성과 감정을 주재한다[性者心之理 情者性之動 心者性情之主]." 장재의 "마음이 본성과 감정을 겸하고 주재함[心統性情]"을 성리학의 '깨트릴 수 없는 진리'라고 주장한 주희의 입장이 잘 드러난 표현이다. 본성이 발동하여 표현된 것이 우리의 감성인데, 이 감성의 발현은 마음의 인도를 받아야 한다. 여기서 마음의 위치를 어떻게 자리매김하느냐 하는 것이 주자학의 핵심 문제였다. 이치인 본성은 형이상자로, 발현된 감성은 형이하자(形而下學)로 쉽게 정리되는데, 이들과 역할이 다른 마음의 역할을 주희는 궁리 끝에 이 양자 사이에 위치시켰다.[12] 본성은 정감에 대해서 말하는 것[性對情言]이고 정감 역시 본성에 대해서 말하는 것인데, 우리의 마음은 본성과 감성 양자에 대해서 말하는 형국[心對性情言]이 된 것이다. 이 점이 주희와 심학 계열이 분리되는 지점 중 하나가 된다. 이처럼 주희에게서 마음의 위치와 역할은 그만의 독특한 면이 있다.

그런데 본 장에서 보듯이 삼봉은 불교에서는 마음과 본성을 동일시하면서도, 때론 마음과 본성 개념을 구분 짓기도 한다고 하여, 불교적 마음 개념에 불명확함이 있다고 지적한다. 이해를 돕기 위해 이 부분을 인용해보자.

불교는 마음을 본성으로 여겨 양자를 구분하지 않고 주장하다가 이론적으로 잘 안 되니까, "미혹되면 즉 마음이요, 깨달으면 즉 본성이다."라고 말한다. 또 "마음과 본성의 명칭이 다른 것은 안(眼)과 목(目)의 명칭이 다른 것과 같다."고 한다. 『능엄경(楞嚴經)』에서는 "온전하고 오묘한 밝은 마음[明心]이여! 밝고 오묘하고 온전한 본성[圓性]이여!"라고 하면서 밝음[明]과 온전함[圓]을 구분하였다.

삼봉은 『능엄경』의 이 구절을 해석하여, 밝음[明]과 온전함[圓]을 각각 마음과 본성으로 나누어 보고 있지만, 이런 구분에는 문제가 있어 보인다. 먼저 불교는 마음과 본성을 나누어 보지 않으며, 여기서 말하는 원묘(元妙)나 보명(寶明)은 각각 명심(明心)과 묘성(妙性)의 형용사로 풀이해야 한다. 비록 본문 번역에서는 위에서 보듯이 원저자인 삼봉의 원의가 드러나도록 "온전하고 오묘한 밝은 마음[明心]이여! 밝고 오묘하고 온전한 본성[圓性]이여!"라고 옮겼지만, 이는 삼봉의 의도에 부합하는 번역일 뿐 『능엄경』의 본 의미와는 거리가 있다. 그리고 본문 주에서 이미 지적하였듯이, 삼봉은 원문을 "圓妙明心, 明妙圓性"으로 인용하고 있지만, 『능엄경』에는 "圓妙明心, 寶明妙性"으로 되어 있으므로, 이 구절에 대한 온전한 풀이는 '온전하고 오묘한 밝은 마음이여! [그것은 바로] 진귀하고 밝고 오묘한 본성이다'가 된다. 이렇게 해석하면, 마음과 본성을 나누어 이해하지 않은 『능엄경』의 본뜻에 부합한다.

또한 삼봉은 보조국사의 『수심결』을 인용하여 불교가 불과 법을 나누어 보고 있다고 비판한다.

> 보조도 '마음 밖에 부처가 없고, 본성 밖에 법(法)이 없다.'라고 했는데, 이 또한 불과 법을 구분하여 말한 것이다.
> 普照曰 心外無佛 性外無法 又以佛與法分而言之

하지만 보조의 이 말은 '심즉불(心卽佛)'을 말한 것으로, 불성을 떠나 따로 법이 없다는 것이지 불성과 법을 이분하고자 한 것은 아니다. 더구나 삼봉의 인용문은 『수심결』의 본래 원문인 "만약 마음 밖에 부처가 있다고 생각하고, 본성 밖에 진리가 있다고 말하며, [이에 집착한다면][若言 心外有佛 心外有法]"가 아니라, 이와 반대로 "마음 밖에 부처가 없고, 본성 밖에 법(法)이 없다[心外無佛 性外無法]"라고 인용되고 있다. 즉, 『수심결』 원문을 그대로 사용한 것이 아니라, 삼봉 자신의 의도에 맞게 변형해서 해석했다. 불교를 비판하고자 하는 욕구 때문에 생긴 실수인 듯하다. 불교에서 말하는 마음이란 우리가 일반적으로 말하는 생멸심(生滅心)도 있지만, 궁극적으로는 본래의 마음 혹은 깨달음 후의 마음, 곧 진여심(眞如心)을 가리킨다. 불교는 생멸의 현상 세계를 넘어서 모든 것을 불성으로 받아들이고 대처할 수 있는 본연의 마음을 중요시한다. 그런데 삼봉은 이 점을 간과하고, 성리학적 마음의 개념을 가지고 불교의 마음을 예단하여 성리학의 본성과 달리 궁극 기준이 없다고 비판한다.

하지만 불교에서 궁극적 진리처로 두고 있는 마음(心)이 삼봉이 비판한 것과 같이 허술한 것은 아니다. 불교에서 바라본 심은 궁극적인 진리처이면서 불성 그 자체이다. 삼봉이 불교의 심을 성리학적 기로서의 심과 대등한 것으로 두고 비교하는 방식 자체에 의문을 제기할 수 있다. 불교에서의 심은 성리학의 최고 개념인 태극과 같은 범주에서 다루어져야 할 문제이다. 불교에서는 '일체유심조(一切唯心造)'를 중요한 가르침으로 받들고 있다. 특히 『화엄경』의 '일체의 제법은 그것을 인식하는 마음의 나타남이고, 존재의 본체는 오직 마음이 지어내는 것일 뿐이므로, 일체의 모든 것은 오직 마음에 있다.'는 말은 모든 것이 마음에서 지어지는 것이니 결국 마음이야말로 궁극적인 진리처임을 말하는 것이다. 성리학에서 궁극의 진리처를 태극에 두었던 것과 마찬가지로 불교에서는 마음에 두었던 것이니, 삼봉에게는 불교의 마음에 대한 깊은 이해와 통찰이 필요했다.

佛氏心性之辨

心者, 人所得於天以生之氣, 虛靈不昧, 以主於一身者也. 性者, 人所得於天以生之理, 純粹至善, 以具於一心者也. 蓋心有知有爲, 性無知無爲. 故曰, 心能盡性, 性不能知檢其心. 又曰, 心統情性, 又曰, 心者, 神明之舍, 性則其所具之理. 觀此, 心性之辨可知矣. 彼佛氏以心爲性, 求其說而不得, 乃曰, 迷之則心, 悟之則性, 又曰, 心性之異名, 猶眼目之殊稱, 至楞嚴曰圓妙明心, 明妙圓性. 以明與圓, 分而言之.

(按楞嚴經曰, 汝等遺失本妙, 圓妙明心, 寶明妙性. 認悟中迷, 言心則從妙起明, 圓融照了, 如鏡之光. 故曰, 圓明妙心, 性則卽明而妙, 凝然寂湛, 如鏡之體. 故曰寶明妙性.)

普照曰, 心外無佛, 性外無法. 又以佛與法分而言之, 似略有所見矣. 然皆得於想象髣之中, 而無豁然眞實之見, 其說多爲遊辭而無一定之論, 其情可得矣. 吾儒之說曰, 盡心知性, 此本心以窮理也. 佛氏之說曰, 觀心見性, 心卽性也. 是別以一心見此一心, 心安有二乎哉. 彼亦自知其說之窮, 從而遁之曰, 以心觀心, 如以口齕口, 當以不觀觀之, 此何等語歟. 且吾儒曰, 方寸之間, 虛靈不昧, 具衆理應萬事. 其曰, 虛靈不昧者, 心也, 具衆理者, 性也, 應萬事者, 情也. 惟其此心具衆理, 故於事物之來, 應之無不各得其當, 所以處事物之當否, 而事物皆聽命於我也. 此吾儒之學, 內自身心, 外而至於事物, 自源徂流, 一以通貫. 如源頭之水, 流於萬派, 無非水也, 如持有星之衡, 稱量天下之物, 其物之輕重, 與權衡之銖兩相稱. 此所謂元不曾間斷者也. 佛氏曰, 空寂靈知, 隨緣不變, (按佛氏以爲眞淨心, 隨緣是相, 不變是性. 如一眞金, 隨大小器物, 等是隨緣相也. 本金不變是性也. 一眞淨心, 隨善惡染淨, 等是隨緣相也. 本心不變性也.) 無所謂理者具於其中, 故於事物之來, 滯者欲絶而去之, 達者欲隨而順之, 其絶而去之者, 固已非矣, 隨而順之者, 亦非也. 其言曰, 隨緣放曠, 任性逍遙. 聽其物之自爲而已, 無復制其是非而有以處之也. 是其心如天上之月, 其應也如千江之影. 月眞而影妄, 其間未嘗連續. 如持無星之衡, 稱量天下之物, 其輕重低昂, 惟物是順, 而我無以進退稱量之也. 故曰, 釋氏虛, 吾儒實, 釋氏二, 吾儒一, 釋氏間斷, 吾儒連續. 學者所當明辨也.

04

작용을 본성이라 여기는 불교 이론을 논변함

내가 생각하기에 불교는 작용을 본성이라 여긴다. 방거사(龐居士)[1]가 말한 '물 긷고 땔감 운반하는 것이 모두 오묘한 작용이 아닌 것이 없다.'라는 것이 바로 이 점을 보여준다.[2] 대저 본성은 사람이 하늘에서 받아 생성된 이치이고, 작용은 사람이 하늘에서 받아 생겨난 기운이다. 기가 엉기고 모여서 형질(形質)이 되고, 신령한 기운이 된다. 마음으로 파악하는 것이나 눈과 귀로 보고 들어 아는 것이나 손으로 잡아보는 것이나 발로 달리는 것 같은 지각 운동은 다 기운의 영역이다. 그러므로 "형체가 이미 생기면 정신이 발하여 앎이 있게 된다."[3]고 하였으니, 사람에게 형기(形氣)가 있으면 이치가 형기 가운데에 구비된다. 마음에서는 인의예지(仁義禮智)의 본성이 되고, 측은(惻隱)·수오(羞惡)·사양(辭讓)·시비(是非)의 감정이 된다. 신체에서 머리 모양은 곧고 바르며, 눈의 모습은 단아하며, 입의 모양은 굳게 다문 모습이다. 이런 것들은 모두 당연한 법칙이라 바꿀 수가 없는 것으로 이치가 된다.

　유강공(劉康公)은 말하길, 사람은 "천지의 중(中)을 받아 태어났으니 이른바 명(命)이다. 그러므로 행동거지에 엄한 의례 규칙을 두어 명을 정한다."[4]고 하였다. 여기서 말하는 '천지의 중(中)'은 곧 이치를 말하고, '의례 규칙'은 이치가 작용해서 발현한 것을 말한다. 주자도 "만약 작용을 본성이라 한다면, 사람이 함부로 칼을 집어 휘둘러서 살인을 하는 것도 감히 본성의 발현이라고 말할 것인가?"[5]라고 하였다. 또 이치는 형이상의 것이고, 기는 형이하의 것인데[6], 부처는 자신이 높고 신묘하여 자신보다 더 높은 존재가 없다고 여기면서 오히려 형이하의 것을 가지고 말하니, 가소로울 뿐이다. 배우는 자가 마땅히 우리 유가의 의례 규칙과 부처의 작용이 본성이라는 것을 안으로는 심신의 체험에 비추어 검증해보고, 밖으로는 사물과 일에서 검증해보면 스스로 자연스럽게 얻는 바가 있을 것이다.

물 긷고 장작을 운반하는 것이 불성의 현현(顯現)인가?

　본 장의 논리는 앞 장에서 논의한 유불의 심성론 담론과 깊게 연계되어 있다. 이는 1장의 윤회설과 2장의 인과설이 유기적으로 연계되어 있는 것과 같다. 성리학에서는 마음에 선천적 규범, 규율로서의 성(性)을 구유하고 있어 행위를 통제할 객관 기준이 존재한다. 이에 반해 삼봉이 보기에, 불교의 마음 이론에서는 객관 규범의 존재가 전제되어 있지 않아 병폐가 발생한다. 이런 허무적멸 혹은 허령공적의 심성론으로 인하여 불교에서는 일상생활에서 행위에 대한 객관적 기준이 없고, 이는 결국 일탈 행동과 방자함으로 나타난다고 비판한다. 마음과 본성을 일치시키는 견해가 결국에는 사물이나 사건에 대한 옳고 그름을 따져 처리하지 못하게 한다고 삼봉은 지적한다. 방거사의 화두에 나오는 '먹을 물을 긷고, 땔나무를 운반하는 행위'는 일상적인 우리의 생활을 의미하는데, 이는 곧 마음에 갖춰진 불성이 현현한 것이라고 선종에서는 파악한다. 하지만 삼봉이 보기에 물을 긷고 땔감을 나르는 행위는 마음의 작용에 불과한 것으로 이를 그대로 본성의 발현으로 볼 수는 없다. 즉, 방거사를 포함한 선사들은 이를 태극을 내재한 이치[理]인 본성의 발현으로 혼동하였다. 이렇게 보면, 삼봉이 불교를 비판하고 있는 주된 요지가 본성이 아닌 마음을 궁극적 진리처로 볼 수 없다는 것에 있음을 다시 확인할 수 있다. 마치 주희가 제자들에게 늘 본성이 이치이고, 마음은 이치를 담고 있는 그릇이라고 강조하여 마음과 본성을 나누어 설명하고자 한 의도와 같다. 우리는 방거사가 말하는 것처럼 멋대로 행동하는 것이 아니라 우리의 심성을 온전히 드러낼 수 있는 이치에 따라 행동해야 한다. 그래야만 도덕적 일탈과 윤리적 상대주의로부터 벗어날 수 있는 것이다. 작용시성(作用是性)에 대한 삼봉의 비판은 이런 맥락에서 이해되어야 한다.

  삼봉이 불교의 작용시성을 비판한 것은 불교의 성(性)을 이치를 통해 교정되지 않은 가선가악(可善可惡)인 정(情)이라고 파악한 것으로 볼 수 있다. 그런데 불교에서 말하는 성은 불성이며 불심이다. 자신의 성이 곧 불성임을 자각한 사람들은 당연히 무규범적이고 방탕한 행동을 일삼지 않는다. 궁극적 깨달음의 경지에 오른 자는, 즉 불성을 체득한 자는 사물에 집착하는 욕망이 없어, 진여의 빛으로 현상과 사물을 바라보므로 일체의 방자함이나 방탕함이 나타날 수 없다. 또한 삼봉이 우려했던바, 현상의 작용을 무조건적으로 긍정함으로써 악까지도 본체적인 것으로 오해하여, 매사에 서슴지 않고 방자하게 행동하는 가능성을 차단시킬 수 있다. 이는 공자 스스로 묘사한 이른바 "욕구하는 바대로 마음을 따라가도 도리에 어긋남이 없었다[從心所欲不踰矩]."는 경지에 이른 성인의 경지와 같다. 즉, 자신이 원하고 욕구하는 바대로 행위를 하여도 거기에 일체의 걸림과 거침이 없고 정도에 맞는 자유의 경지와 상통한다. 불교의 작용시성은 이런 경지를 염두에 두고 있는 것이다.

그리고 고려 불교의 심성론에는 작용시성의 내용만 있는 것이 아니었다. 지눌의 '공적영지심(空寂靈智心)'은 무규범적으로 보이는 작용시성의 심성론에 대안이 될 수 있다.[7] 선불교에서 말하는 마음의 본체에는 거울 그 자체라고 할 수 있는 공적(空寂)이 있고, 마음의 작용에는 거울의 밝음 그 자체, 마음의 영지(靈知)라고 할 수 있는 자성본용과 거울이 비추고 있는 상(相), 마음의 분별작용이라 할 수 있는 수연응용이 있다. 즉, 인식 주체인 자성본용의 바탕에 비쳐지는 현상의 존재인 수연응용까지 인정함으로써 현상에 대한 관심을 확장시킬 수 있는 가능성을 가진다. 하지만 성리학자들은 이미 고려시대에 지눌이 언급한 공적영지심을 도외시한 채, 불교의 심성론을 허령공적으로만 규정하였던 것이다. 지눌은 선수행자들이 선에 대한 확실한 지적, 교학(敎學)적 이해를 가져야 한다고 주장했고, 선사이면서도 교종(敎宗)을 통해서 진정한 본심을 깨달으려고 하는 사람들을 인정하였다. 이러한 지눌 선종의 독특성을 이해하였다면, 삼봉은 비판의 각도를 달리하거나 그 강도를 낮추었을 것이다.

본 장에서 언급한 방거사는 꽤나 알려진 인물로, 당나라 정원(貞元) 때 선사 석두(石頭)에게서 배웠다. 속된 것을 싫어해 재산을 모두 동정호(洞庭湖)에 던져버리고 죽기(竹器)를 팔아 생계를 꾸렸다고 한다. 뒤에 마조(馬祖)에게 "온갖 법과 더불어 짝하지 않는 사람은 어떤 사람입니까?" 하고 묻자 마조는 "네가 서강(西江)의 물을 한입에 마셔버리면 일러주마."라고 대답했다는 유명한 일화가 전해진다. 그의 내공을 보여주는 유명한 공안에 호설편편(好雪片片)이 있다. 『벽암록(碧巖錄)』 42칙, 방거사 호설편편 공안을 보면 방거사가 약산선사를 방문하여 여러 날 선문답을 나누다 마침내 떠나기 위하여 하직 인사를 드리자 약산선사는 10여 명의 승자로 하여금 산문 밖까지 배웅하게 한다. 산문에 이르렀을 때, 마침 하늘에서 눈송이가 펄펄 내리고 있었다. 방거사가 이를 보고, "멋진 눈이로다. 송이송이마다 다른 곳에 떨어지지 않네[好雪片片 不落別處]."라고 하자, 배웅하던 승자들이 거의 동시에 물었다. "어디에 떨어집니까?" 방거사가 손바닥으로 한 번 이들을 치자 승자들이 말했다. "거사는 지나친 행동을 하지 마시오." 그러자 방거사는 다음처럼 응대했다. "그대들이 이 정도의 안목을 가지고 선객(禪客)이라고 한다면 훗날에 염라대왕도 용서하지 않을 것이오."

　방거사의 경지를 잘 보여주는 일화라 할 수 있다. 방거사가 마침 내리는 눈을 보고 "멋진 눈이로다. 송이송이마다 다른 곳에 떨어지지 않네."라고 한 것은 법이 스스로 그러함[法爾自然]을 뜻한 것이다. 수행자들은 "어디에 떨어집니까?"라고 순진하게 일반인처럼 물어서는 안 되고, 예를 들어 "눈송이의 낙화가 그대로 진여(眞如)의 마음과 같다"라든지, 이에 상응하는 어떤 대답을 해서 자신들의 내공을 보여야만 했다. 하지만 10여 명의 승려의 수준이 모두 그렇지 못했으니, 염라대왕도 그들이 본분을 다하지 않은 것으로 볼 것이라는 뜻이다.

　일상적인 삶 속에서 깨달음을 실천해나가는 선종의 교리에서 볼 때, 눈송이의 낙화마저도 스스로 그러한 이치의 조화로 여겨진다.[8] 이런 시각을 우리의 삶에 적용하면, 우리의 일상적 삶이 곧 깨달음의 표현이 아니겠는가! 그러니 '먹을 물과 땔감을 나르는 것이 바로 우리 본성의 발현'이 된다.

佛氏作用是性之辨

愚按佛氏之說, 以作用爲性. 龐居士曰, 運水搬柴, 無非妙用, 是也. 按龐居士偈曰, 日用事無別, 唯吾自偶諧, 頭頭須取舍, 處處勿張乖, 神通幷妙用, 運水及搬柴. 蓋性者, 人所得於天以生之理也. 作用者, 人所得於天以生之氣也. 氣之凝聚者爲形質爲神氣. 若心之精爽, 耳目之聰明, 手之執足之奔, 凡所以知覺運動者, 皆氣也. 故曰, 形旣生矣, 神發知矣. 人旣有是形氣, 則是理具於形氣之中. 在心爲仁義禮智之性, 惻隱羞惡辭讓是非之情, 在頭容爲直, 在目容爲端, 在口容爲止之類. 凡所以爲當然之則而不可易者是理也. 劉康公曰, 人受天地之中以生, 所謂命也. 故有動作威儀之則, 以定命也. 其曰, 天地之中者, 卽理之謂也. 其曰, 威儀之則者, 卽理之發於作用者也. 朱子亦曰, 若以作用爲性, 則人胡亂執刀殺人, 敢道性歟. 且理, 形而上者也, 氣, 形而下者也. 佛氏自以爲高妙無上, 而反以形而下者爲說, 可笑也已. 學者須將吾儒所謂威儀之則與佛氏所謂作用是性者, 內以體之於身心, 外以驗之於事物, 則自當有所得矣.

05

불교의 마음과
마음의 흔적에 대해 논변함

 마음은 일신의 주인이고, 마음의 흔적[跡]은 마음이 매사에 응하고 사물을 접(接)하는 곳에서 일어나[發] 나타난 것이다. 그러므로 '이 마음이 있으면 반드시 마음의 흔적이 있다.'고 하였으니, 이들을 둘로 나누어 말할 수는 없다.

 사단(四端)과 오전(五典)[1] 및 모든 일과 모든 사물의 이치[理]는 차별 없이 모두 이 마음 가운데에 갖추어져 있고, 마음이 사물을 접함에 응대하여 변화하는 바가 한결같지 않다. 하지만 이 마음의 이치[理]는 감응함에 따라 응대하고, 그 응대함에 각각 마땅한 바가 있어 혼란할 수가 없다. 예를 들어 젖먹이 아이[2]가 우물로 엉금엉금 기어 들어가는 것을 보면, 세상 사람들이 모두 깜짝 놀라고 가엾게 여기는 마음을 가지게 된다. 이렇게 되는 것은 그 마음에 어짊[仁]의 본성[性]이 있기 때문이다. 그러므로 그 젖먹이 아이를 볼 때 마음 밖으로 드러나는 것이 바로 가여워서 구해주고자 하는 것인데, 마음과 그 마음의 흔적이 과연 둘이겠는가? 수오(羞惡), 사양(辭讓), 시비(是非)의 경우도 모두 이와 같지 않음이 없다.

다음으로 내 몸이 접하는 바에 비추어 생각해보자. 부모를 뵈면 효도를 생각하고 자식을 보면 사랑을 생각하는 일이나, 임금을 섬김에는 충성으로 하고, 신하를 부림에는 예(禮)로써 하고, 벗을 사귐에는 신(信)으로 하는 것, 이런 것은 누가 시켜서 그렇게 하는 것일까? 누가 시킨 것이 아니라 마음에는 인의예지(仁義禮智)의 본성이 있기 때문에 밖으로 발하는 것이 또한 이와 같은 것이다. 이른바 '본체[體]와 그 작용[用]이 한 근원이요, 드러남[顯]과 미세함[微]에는 차이가 없다.'는 것이다. 그런데 저들의 학문은 그 마음을 취하나 마음의 흔적은 취하지 않아, 다음처럼 말한다. "문수보살이 술집에서 농하며 놀았는데, 그 행적[跡]은 비록 그르나 그 마음 자체는 옳다." 그들에게는 이런 종류의 것이 매우 많은데, 이는 마음과 마음의 흔적, 행적을 판이한 것으로 여기는 게 아닌가?

정 선생[程子]은 "불씨의 학에는 경으로 안을 곧게 함[敬以直內]은 있으나, 옳음으로써 밖을 단정하게 함[義以方外]은 있지 않다. 그러므로 막히어 불교의 교리에 통달하지 못한 자는 고사(枯死)하고, 불교의 교리에 밝은 자는 방자(放恣)하게 되니, 이는 불씨의 가르침이 좁은 까닭이다."라고 하였다. 그러나 옳음으로써 밖을 단정하게 함이 없다면, 요컨대 그 안을 곧게 한다는 것도 결국은 옳지 않은 것이다. 왕통(王通)은 유학자(儒學者)인데, 또한 "마음과 그 행적은 다른 것이다."라고 하였으니, 불씨의 설에 미혹된 무지한 자다. 그러므로 여기에 아울러 언급해 둔다.

마음과 마음의 흔적, 그리고 무애행(無碍行)

마음은 몸을 주재하고, 마음의 흔적[跡]이란 몸의 주인인 마음이 사물과 사건에 응대할 때 생겨나는 마음의 작용을 가리킨다. 정도전이 맹자의 예를 들어 설명했듯이 본성인 인의예지를 구비하고 있는 마음은 순진무구한 젖먹이 아이가 죽을지도 모르고 우물가로 기어가는 것을 목격하면 아이를 구해주는 행동을 일으키는 도덕적 주체가 된다. 그러므로 주체가 되는 마음과 사건에 대한 마음의 대응은 일치되어야 한다. 그러므로 정도전이 말하는 마음과 마음의 흔적은 결국 도덕적 앎과 도덕적 행위가 일치[知行合一]되어야 한다는 의미가 된다. 이렇게 이해하면 본문의 내용을 쉽게 파악할 수 있다.

이런 맥락에서 정도전은 주막에서 술을 마시고 유흥을 즐긴 문수보살의 행위와 그의 마음이 일치하지 않는다고 지적해 불교를 비판하고자 하는 것이다. 하지만 대승불교의 가르침에서 대중과 함께 호흡하고 생활하는 것도 깨달음의 한 표현이다. 독자에게 친숙한 예는 아마 문수보살의 행동보다 원효의 무애행(無碍行)일 듯하다. 원효의 무애행은 그 자체가 이미 성(聖)과 속(俗)의 구분을 넘어선 것으로 그의 깨달음의 경지를 보여준다. 문수보살의 경우에도 주막에서 대중과 세속적으로 어울린 일은 마음과 행동의 불일치가 아니라 대중을 계도하기 위한 방안[方便]으로 이해되어야 한다. 대중과 절연한 삶에서 어떻게 대승적 실천이 가능하겠는가? 정도전이 의도하는 바는 당시 불승들의 말과 행동이 일치되지 못하는 고려 말 세속 불교의 폐단을 거론하고자 한 것으로 이해된다. 하지만 깨달은 척하면서 표리부동하게 살아가는 불승이 있다고 해서 불교의 대승적 실천을 전부 부정할 수는 없다.

본 장에서 정도전은 정이천 사상의 핵심 내용을 언급하고 있다. 정이천이 그의 『정씨역전(程氏易傳)』에서 언급한 "體用一源, 顯微無間"은 본체와 그 작용은 같은 근원을 가지고 있으며, 확연히 드러나 있는 사물과 드러나 있지 않은 사물의 원리 사이에는 차이가 없다는 의미이다. 즉, 존재하는 것[現象, 『정씨역전』에서는 易象]과 그것의 존재 방식[理, 『정씨역전』에서는 易理]은 분리되거나 절연되어 있는 것이 아니라 양자가 상즉(相卽)하여 있음을 지적한 것이다. 말하자면 존재가 있으면, 그 존재의 이치가 있는 것과 같다. 정이천은 바로 이 구절 앞에서 "지극히 은미한 것은 이치이고, 분명히 드러나는 것은 형상이다[至微者 理也 至著者 象也]."라고 하였으니, "顯微無間"은 드러나지 않은 이치와 드러나 있는 개체 형상 사이의 관계를 말하고 있는 것이 분명하다. "體用一源, 顯微無間"의 뜻을 잘 보여주는 이천의 다른 말은 다음과 같은 구절이다. "지극히 분명한 것은 사물만 한 게 없고, 지극히 은미한 것은 이치만 한 게 없다. 그러나 사물과 이치는 하나 되고, 은미함과 분명함은 같은 근원을 갖는다. 옛 군자가 학문을 잘 닦은 이유는 이에 능히 통할 수 있었기 때문이다[至顯者莫如事 至微者莫如理 而事理一致 微顯一源 古之君子所以善學者 以其能通於此而已]."본체와 그 작용이 한 뿌리이며, 드러난 현상은 결국 현상 배후에 있는 도(道)의 현현이라는 것이다. 이런 주장은 화엄의 법계관을 떠올리게 한다. 즉 사법계(事法界)는 드러난 사물 혹은 사태로서 현상계이고, 이법계(理法界)는 은미하고 드러나 있지 않은 본체계이다. 그리고 이법계와 사법계의 차이가 근본적으로 없다는 이사무애법계(理事無碍法界)가 바로 "至微者理也 至著者象也 體用一源 顯微無間"의 정신을 그대로 보여준다. 이는 불교적 사유 형태가 어떻게 성리학에 영향을 미쳤는지를 적절히 보여주는 한 예이다. 이천 등은 불교를 이단으로 생각해 배척하였으나, 성리학의 논리에 스며든 불교적 사유의 형태는 이처럼 너무나 뚜렷해 부인할 수 없다. 본체와 현상이 분리되어 있지 않고 하나의 근원, 뿌리라는 이런 사유 체계는 서양이나 일부 인도의 이원론적 사유 형태와 대조된다. 플라톤의 이데아계와 경험 세계의 구분, 칸트의 본체계와 현상계의 구분에서 보듯이 서양철학자들은 주로 이원론적 세계관을 선호한다. 반면에 불교나 성리학의 체용론은 기본적으로 일원론적 경향을 띠고 있다.

佛氏心跡之辨

心者, 主乎一身之中, 而跡者, 心之發於應事接物之上者也. 故曰, 有是心, 必有是跡, 不可判而爲二也. 蓋四端五典萬事萬物之理, 渾然具於此心之中. 其於事物之來, 不一其變, 而此心之理, 隨感而應, 各有攸當而不可亂也. 人見孺子匍匐入井, 便有怵惕惻隱之心. 是其心有仁之性, 故其見孺子也, 發於外者便惻然, 心與跡, 果有二乎. 曰羞惡曰辭讓曰是非, 莫不皆然. 次而及於身之所接. 見父則思孝焉, 見子則思慈焉, 至於事君以忠, 使臣以禮, 交友以信, 是孰使之然耶. 以其心有仁義禮智之性, 故發於外者亦如此. 所謂體用一源, 顯微無間者也. 彼之學, 取其心不取其跡. 乃曰文殊大聖, 遊諸酒肆, 跡雖非而心則是也. 佗如此類者甚多, 非心跡之判歟. 程子曰, 佛氏之學, 於敬以直內則有之矣, 義以方外則未之有也. 故滯固者入於枯槁, 疏通者歸於恣肆, 此佛之敎所以隘也. 然無義以方外, 其直內者, 要之亦不是也. 王通, 儒者也, 亦曰, 心跡判矣, 蓋惑於佛氏之說而不知者也. 故幷論之.

06

불교가 도道와 기器를 구분하지 못하는 것에 관해 논변함

도(道)는 이치[理]이고, 형이상(形而上)의 것이요, 기(器)는 사물이며, 형이하(形而下)의 것이다. 대개 도의 큰 근원은 하늘에서 나와서[1] 모든 사물에 갖추어져 있고, 언제나 그렇지 않은 때가 없다. 즉, 우리의 몸과 마음에는 몸과 마음의 도가 있고, 가까이는 부자·군신·부부·장유·붕우에서부터 멀리는 천지만물에 이르기까지 각각의 도가 있지 않음이 없다. 또 사람은 하늘과 땅 사이에서 하루도 도가 구비된 사물을 떠나서 홀로 존재할 수 없다. 그러므로 내가 일을 처리하고 사물을 접함에 있어, 마땅히 그 각각의 도를 다하여 혹시라도 그르치는 바가 있어서는 안 된다. 이것이 우리 유가의 학문이 내 마음과 몸으로부터 시작하여 모든 사람과 사물에 이르기까지 그 본성[性]을 온전히 실현하여 서로 통하지 않음이 없는 까닭이다.[2]

대개 도(道)란 비록 기(器)와 섞이지 않으나, 또한 기(器)에서 분리되지

도 않는다. 그런데 저 불씨는 도와 관련해서는 비록 얻은 바가 없으나, 마음을 닦고 노력한 지가 오래된 까닭에 도와 유사한 것을 본 것 같다. 그러나 그것은 대롱 구멍으로 하늘을 본 것과 같은 것이라, 오로지 위쪽으로만 올라갈 뿐이고, 전체를 볼 수가 없어서 그 견해에는 반드시 한쪽으로 치우친 바가 있다.

  불씨는 도(道)가 기(器)와 섞이지 않음을 알아보고는, 도와 기를 나누어 둘이라고 한다. 이에 "무릇 상(相)이 있는 것은 모두 다 허망한 것이다. 만일 모든 상을 상 아닌 것으로 본다면 곧 여래(如來)를 볼 것이다."[3]라고 말한다.[4] 이렇게 반드시 모든 현상 존재를 넘어서려고 하다가 공적(空寂)에 떨어지는가 하면, 도가 구체적인 기(器)에서 분리되지 않음을 보고는 기(器)를 도(道)라 여긴다. 이에 "선악이 모두 마음에 달린 것이요, 만법(萬法)은 오직 의식의 소산이다. 그러므로 일체에 순응하여 하는 모든 일이 다 자연 그대로이기도 하지만, 반대로 미쳐 날뛰면서 하고 싶은 대로 하니 못 할 짓이 없다."고 말한다.【안: "선한 마음이 생기면 일체에 수순하되 하는 일이 다 자연 그대로에 맞고, 악한 마음이 생기면 미쳐 날뛰고 하고 싶은 대로 하여 못 할 짓이 없으니, 마음은 가지고 있는 것이고 의식은 활동하는 것이다. 그러므로 선이나 악이나 마음이 아니면 의식이 없고, 의식이 없으면 마음도 없나니, 마음과 의식이 상대되어 선과 악이 생기기도 하고 없어지기도 한다."는 것이다.】 이것이 정 선생이 '막히어 불교의 교리에 통달하지 못한 자는 고사하고, 불교의 교리에 밝은 자는 방자(放恣)하게 된다.'고 말한 것이다. 그러니 그들의 도는 마음을 가리켜 말하는 것이고, 이는 도리어 형이하인 기(器)

에 떨어지는 것인데, 스스로 이를 알지 못하니, 애석하다!

도(道)와 기(器), 그리고 마음

본 장에서 도(道)를 구체적 사물[器] 밖에서 찾는 불교도들은 공적(空寂)에 떨어지고, 구체적 사물에서 찾는 불교도들은 선악이 모두 마음에 달렸다고 여겨 하고 싶은 대로 행동하게 된다고 삼봉은 주장한다. 성리학에서 도는 형이상자이고 기(器)는 사물로서 형이하자이다. 기(器)가 기(氣)의 구체적 구현체라는 점에서 삼봉은 이 둘을 별개로 보지 않고 있다. 이를 전제하면, 이 둘은 주지하듯 불상잡(不相雜), 불상리(不相離)의 관계에 있다. 그런데 삼봉이 보기에 불교에서 불상잡(不相雜)을 강조할 때는 "무릇 상(相)이 있는 것은 모두 다 허망한 것이다. 만일 모든 상을 상 아닌 것으로 본다면 곧 여래(如來)를 볼 것이다."라고 주장한다. 반면에 불상리를 강조할 때는 "선악(善惡)이 모두 마음에 달린 것이요, 만법(萬法)은 오직 의식의 소산"이라고 한다. 이렇게 불상잡의 입장에 서는 자는 공적에 떨어지고, 불상리를 중시하는 자는 모든 일을 하고 싶은 대로 하니 못 할 짓이 없게 된다. 삼봉은 정명도의 말을 인용해 사물을 무시하는 전자는 말라 비틀어져 지리멸렬하고, 사물과 사태의 현상에 치중하는 자는 방자하게 된다고 비판하여, 도(道)와 사물[器]의 관계에서 불상잡과 불상리가 함께 중요함을 일깨우고자 한다.

　나아가 본문의 마지막에서 삼봉은 다시 마음은 형이하인 기(器)인데 불교에서는 이를 알지 못한다고 애석해한다. 하지만 이미 설명했듯이 불교에서 논하는 마음은 불교 교리에서 가장 근본이 되는 것으로 형이하적인 것으로 풀이해서는 안 된다. 성리학적 사유 체계 속에서 마음은 본체(本體)가 아니지만 불교에서는 마음이 본체에 해당한다. 그래서 불교에서는 매사가 마음에 달렸고 만사가 마음의 산물이라고 주장한다. 불교에서 말하는 마음은 성리학의 태극과 같은 수준의 개념으로 비유적으로 말하면 궁극적 본체에 해당하는 것이다. 그러니 이를 형이하인 기(器)로 여기는 것은 성리학의 이론 체계 내에서 불교의 마음을 평가하는 것이다. 적실한 비판이 되기 위해서는 삼봉의 논리가 좀 더 다듬어져야 할 필요가 있다.

　아울러 본문에서 삼봉은 "무릇 상(相)이 있는 것은 모두 다 허망한 것이다. 만일 모든 상을 상 아닌 것으로 본다면 곧 여래를 볼 것이다."라는 구절을 인용하면서 그 출전을 『반야경(般若經)』이라고 밝히고 있다. 하지만 이 구절은 『금강경』을 대표하는 구절이다. 흔히 『금강경』에는 전체 반야부 경전 내용의 핵심을 온축한 네 구절이 들어 있다고 말한다. 4구 18자로 된 이 구절은 『금강경』의 핵심이자 반야경전 600부 전체의 핵심을 온전히 표현하고 있다고 해서 '반야제일게(般若第一偈)'라 부른다. 이 때문에 삼봉이 『반야경』에서 나왔다고 한 듯하다. 반야제일게는 다음과 같다.

모양으로 있는 모든 것, 모든 형상은 다 허망한 것이니, 모든 상(相)이 상 아님을 보면, 곧 여래를 볼 것이다.

凡所有相 皆是虛妄 若見諸相非相 卽見如來

모든 형상[相]이 다 허망함, 즉 일정한 상이 없음[無相]은 공사상의 기본으로 물질적·정신적인 모든 존재는 본질적으로 허망한 것으로 본다. 인연에 따라 그때그때 그 모습으로 생겨나 보여지는 덧없는 것이기 때문이다. 상을 상으로 보는 것은 무명(無明) 중생이지만, 상이 상 아님을 보는 자는 깨달은 자[覺者]이다. 상 아님을 본다는 것은 무엇을 본다는 것일까? 그것은 알 수 없고 말할 수 없는 언설을 초월한 세계를 직관하는 것이다. 불교에서는 그것을 억지로 일러 일심(一心)이라 하기도 하고 일미(一味)라고도 하며 또한 일각(一覺)이라고도 한다.

佛氏昧於道器之辨

道則理也, 形而上者也, 器則物也, 形而下者也. 蓋道之大原, 出於天, 而無物不有, 無時不然. 卽身心而有身心之道, 近而卽於父子君臣夫婦長幼朋友, 遠而卽於天地萬物, 莫不各有其道焉. 人在天地之間, 不能一日離物而獨立. 是以凡吾所以處事接物者, 亦當各盡其道, 而不可或有所差謬也. 此吾儒之學所以自心而身而人而物, 各盡其性而無不通也. 蓋道雖不雜於器, 亦不離於器者也. 彼佛氏於道, 雖無所得, 以其用心積力之久, 髣髴若有見處. 然如管窺天, 一向直上去, 不能四通八達, 其所見必陷於一偏見. 其道不雜於器者, 則以道與器歧而二之. 乃曰凡所有相, 皆是虛妄, 若見諸相非相, 卽見如來. 按此一段, 出般若經, 言目前無法, 觸目皆如, 但知如是, 卽見如來. 必欲擺脫群有, 落於空寂. 見其道不離於器者, 則以器爲道, 乃曰善惡皆心, 萬法唯識. 隨順一切, 任用無爲, 猖狂放恣, 無所不爲. 按善心將生, 隨順一切, 任用無爲. 惡心將生, 猖狂放恣, 無所不爲. 心之所有, 識乃爲之. 惟善惟惡, 非心無識, 非識無心. 心識相對, 善惡生滅. 此程子所謂滯固者入於枯槁, 疏通者歸於恣肆者也. 然其所謂道者, 指心而言, 乃反落於形而下者之器而不自知也, 惜哉.

07

불교가 인륜을
훼손하는 것에 대해 논변함[1]

명도(明道) 선생이 말씀하셨다.

"도 밖에 사물이 없고 사물 밖에 도가 없다. 하늘과 땅 사이 어디를 가도 도가 없는 곳이 없다. 부자(父子)간에는 아버지와 아들의 친함에 [도가] 있고, 군신(君臣) 간에는 군주와 신하의 구별이 엄격함에 [도가] 있다. 부부(夫婦)와 장유(長幼)와 붕우(朋友) 간에도 각각의 도가 있으니, 도는 잠시도 떠날 수 없는 것이기 때문이다. 그런즉 불도(佛徒)가 인륜을 훼손하고 사대(四大)[2]를 버리니, 도(道)에서 떨어져 멀어졌다 하겠다."

또 "그들의 말과 행위가 두루 미치지 못함이 없지만, 실제로는 윤리에서 벗어나 있다."고 하였으니, 선생의 지적이 지극히 옳다.

'술이부작(述而不作)'의 정신

본문에서 삼봉은 정명도의 말을 인용해 자신의 생각을 설명하고 있다. 자신의 주장이나 의견을 개진하도록 교육받은 현대인들의 시각에서는 자신의 책에서 다른 학자의 말을 인용해 자신의 생각을 대신하는 것이 이상해 보일 수 있다. 하지만 한자문화권에서 선인(先人)의 생각이나 언어로 자신의 의견을 대신하는 것은 공자의 '술이부작(述而不作)'[3]의 정신이 보여주듯이 오랜 전통을 가지고 있다. 자신의 생각과 유사한 언급이 고전이나 선대 학자들의 글에 이미 있다면 굳이 이를 다시 주장하기보다는 인용을 통해 자신의 생각을 표현하는 방식이 전통사회에서 유행하였다. 이는 선대에 대한 존중의 표시였으며, 후학으로서 겸양의 덕이었다.

전통을 중시하는 이런 모습이 근대 이후 지나치게 보수적이라고 비판받은 것은 주지하는 바와 같지만, 이런 면을 창의성이 부족해서 과거의 유산을 답습하는 경향이라고 의도적으로 폄하한 이들은 사실 일본인들이었다. 전통을 존중한다고 해서 선배들의 업적을 무조건적으로 수용한 게 아니라는 것은 퇴계와 고봉의 논쟁을 위시해서 우리 역사에서 어렵지 않게 볼 수 있다. 논의 과정에서 표현 방식이 지금처럼 직접적이지 않고 보다 완곡하고 간접적이었을 뿐이지 창의성이 부족해서 전대의 이론을 그대로 답습하고자 고전을 즐겨 인용한 것은 아니었다.

본 장에서 불교의 교리가 유학이 중시하는 인륜 질서를 무너트렸다는 지적은 유학자의 입장에서 제기할 수 있는 문제이다. 인도 불교가 동진하여 동아시아에 정착하기까지 강한 저항의 시기가 있었다. 특히 이미 인륜을 중시하는 고유문화를 가지고 있던 한자문화권에서 삭발을 하고 출가하여 세속의 부모 형제와 멀어져야 한다는 것은 받아들이기 어려운 가치관이었다. 더구나 윤회를 통해 다시 인간이나 동물로 태어난다는 것은 영혼이 윤회한다는 몰이해 때문에 내가 먹은 고기가 내 혈족일 수도 있다는 오해를 만들어냈고, 이런 주장은 당시 너무나 생경해서 사람들로 하여금 거부감을 넘어 혐오감마저 가지게 했다. 불교가 동아시아에 정착하기 위해서는 출가 행위에서 필연적으로 발생하는 불효에 대해 불교적 응답이 있어야 하였기에 『부모은중경(父母恩重經)』이라는 새로운 경전까지 생겨나게 된 것이다. 요즈음 흔히 듣는 용맹정진하여 진정한 깨달음에 도달하는 것이 더 큰 효라는 주장은 사실 후대에 와서 확립된 것이다. 성철 스님이 최후에 출가를 결심하고 본인의 핏줄에게 지어준 이름이 '불필(不必)'이었다는 전설 같은 이야기는 천륜(天倫)을 끊는다는 일이 얼마나 힘든지를 보여준다. 요즘 기독교에서 예수님을 영접하는 것이 부모에 대한 가장 큰 효라고 설교하는 이유도 유사한 현상으로, 외래 종교의 토착화 현상이다.

佛氏毀棄人倫之辨

明道先生曰, 道之外無物, 物之外無道. 是天地之間, 無適而非道也. 卽父子而父子在所親, 卽君臣而君臣在所嚴, 以至爲夫婦爲長幼爲朋友, 無所爲而非道, 所以不可須臾離也. 然則毀人倫去四大, 按四大受想行識 其分於道遠矣. 又曰, 言爲無不周徧, 而實則外於倫理. 先生之辨盡矣.

08

불교의 자비설을 논변함

천지는 만물을 낳는 것으로써 자신의 마음을 삼았으니, 사람은 천지가 사물을 낳는 마음¹을 얻어 가지고 태어났다. 그러므로 모든 사람은 차마 하지 못하는 마음이 있으니, 이것이 바로 이른바 인(仁)이다. 부처는 비록 오랑캐[夷狄]이지만 역시 사람임에는 틀림이 없으니, 어찌 홀로 이러한 마음이 없겠는가? 우리 유가의 측은(惻隱)은 곧 불교의 자비(慈悲)이니, 둘 모두가 인(仁)의 작용이다. 그런데 그 말을 내세우는 것은 비록 같지만, 그 시행하는 방법은 서로 크게 다르다.

대개 육친(肉親)은 나와 기(氣)가 같고, 사람은 나와 동류이며, 사물은 나와 애초의 기원에서 같다. 그러므로 인의 마음[仁心]은 육친에서부터 시작하여 사람과 사물에까지 순차적으로 베풀어진다. 이는 흐르는 물이 첫 번째 웅덩이에 가득 찬 후에야 둘째, 셋째 웅덩이로 흘러가는 것과 같다. 그 근본이 깊으면 그 미치는 바도 심원하다. 나의 인애(仁愛)가 미치지 않는 천하의 사물은 없다. 그래서 "친(親)한 이를 친하게 대한 후에 백성에게 어질게 대하고, 백성에게 어질게 대한 후에 만물을 사랑한다."²고 말한다. 이것이 유학의 도가 하나이며 실질적이고, 연속되는 까닭이다.

하지만 불교는 그렇지 않다. 그들은 동물³에 대해서는 승냥이나 호랑이 같은 맹수나 모기 같은 미물에 자기 몸을 뜯어 먹혀가면서도 아깝게 여기지 않는다. 사람에 대해서는 월(越)나라 사람인지 진(秦)나라 사람인지를 가리지 않고, 배고픈 자에게는 밥을 먹이려 들고, 추위에 떠는 자에게는 옷을 입히려 드니, 이른바 보시(布施)이다. 그런데 부모 자식 같은 지극히 가까운 관계나, 군신같이 지극히 공경하여야 할 관계에 대해서는 반드시 끊어버리려 하니, 과연 이것이 합당한가? 게다가 사람이 스스로 매사에 신중을 기하려 하는 것은 자신의 부모님과 처자를 생각해서, 이를 배려하기 때문이다. 그런데 불씨는 인륜을 임시적인 것이라 하여, 아들은 자신의 아버지를 아버지로 여기지 않고, 신하는 자신의 임금을 임금으로 여기지 않아서, 은혜와 의리(義理)가 점점 엷어지고 쇠퇴한다. 그래서 자기 부모 형제 보기를 길 가는 모르는 사람 보듯이 하고, 공경해야 할 바를 쓸모없는 것 대하듯이 하니, 이미 그 근본을 잃어버린 것이다.⁴

그러므로 사람과 만물에 미치는 그들의 가르침은 뿌리 없는 나무가 쉽게 말라 죽고, 원천 없는 샘이 쉽게 고갈되는 것과 같아, 결국 사람을 이롭게 하고 만물을 구제하는 효험이 없다. 그런데 칼을 빼어 뱀을 죽이는 데는 조금도 애석함이 없는가 하면, 그들의 지옥설은 참혹하기 그

지없으니, 도리어 은혜를 베푸는 바가 적은 사람이 된다. 앞서 말한 자비(慈悲)는 도대체 어디에 있단 말인가?

게다가 이 마음의 천리(天理)⁵는 그 무엇으로도 끝내 어둡게 할 수 없다. 그러므로 극히 어리석고 막힌 사람도 한번 부모를 뵈면 효도하고 사랑하는 마음이 피어나는 것인데, 어찌 이를 돌이켜 구하지 않고 [부모 자식 간의 사랑마저도] "전생의 많은 습기(習氣)를 다 제거하지 못했기 때문에 애착의 뿌리가 아직 남아 있다."라고 말하니, 미혹에 집착하여 깨닫지 못함이 이보다 심할 수는 없다. 불씨의 가르침에는 합당함[義]이 없고, 이치[理]가 없으니 우리 유학에서 용납하지 않는 이유가 바로 이것이다.

측은과 자비는 모두 인(仁)의 작용인가?

본문에서 정도전은 유학과 불교의 핵심 가치라고 할 수 있는 측은과 자비가 본성인 인(仁)의 작용으로 사실상 같은 것이라고 주장한다. 정도전에 의하면 비록 측은과 자비의 근본은 같지만 구체적 실천 방안은 다르다. 유학의 도덕 실천은 가까운 이를 친하게 대접하는 것으로부터 시작한다. 즉, 친친(親親)을 기초로 해서 다른 사람들을 어질게 대하고, 다시 다른 사람들을 어질게 대하는 것에서 만물을 사랑하는 것으로 점차 도덕 실천의 범위를 확장해 나아간다. 반면에 불교에서는 모든 사람에게 자비의 정신이 함께 베풀어져야 한다고 생각한다. 심지어는 배고픈 맹수에게 자신의 육신을 보시하는 것을 최고의 자비 정신의 표현이라고 하면서, 부모에 대한 사랑이나 부모 자식 간의 천륜을 전생의 습기를 아직 다 제거하지 못해 애착의 뿌리가 남아 있다고 한다. 이런 주장에는 맹자가 묵자의 겸애를 비판할 때 제기한 문제와 유사한 면이 있고, 유학자인 삼봉의 입장에서는 당연히 제기할 수 있는 질문이라고 생각한다.

하지만 자비가 본성인 인(仁)의 발현이라면 이는 더 이상 불교의 가르침이 아니다. 어쩌면 부모 자식 간의 사랑마저도 고통[苦, duḥkha]이라고 생각하는 불교의 가르침이 효를 중시하는 조선의 유학자에게 제대로 이해되기를 기대하는 것은 애당초 불가능할 것이다. 하지만 연인 사이의 달콤한 애정이나 부모 자식 간의 친애하는 감정마저도 고통의 시작이라고 진단하는 불교의 세계관은 세계의 본모습에 관한 나름대로의 심원한 통찰에 의거한 것이지 싸구려 허무주의를 표방한 것은 아니다. 자신과 함께 수행하던 다섯 행자를 위해 녹야원에서 행해진 초전법륜의 내용이 '상호 의존적 발생[緣起]'에 관한 것이었고, 후에 네 가지 성스러운 진리[四聖諦]로 체계화된 이론이라는 기존 주장이 맞는다면, 고제(苦諦)는 불교의 철저한 현실 진단을 보여주는 것인데, 삼봉은 너무 쉽게 미혹됨이라 말하는 측면이 있다.

지금 습기(習氣)라는 표현을 보니 돈오(頓悟)와 점수(漸修)에 관한 지눌의 유명한 구절이 생각나서 함께 언급한다.

"범부가 어리석어 사대(四大)를 자기 몸이라 하고 망상을 마음이라 여겨, 자성(自性)이 참된 법신(法身)인 줄 모르고 자기의 영지(靈知)가 참 부처인 줄을 모른다……. 이 성품에는 본래부터 번뇌 없는 지혜가 저절로 갖추어져 있어 모든 부처와 조금도 다르지 않다. 본성이 부처와 다름이 없음을 깨닫기는 했지만 그동안 익혀온 버릇[習氣]을 갑자기 없애기는 어렵다. 그러므로 깨달음에 의지해 닦고, 차츰 익혀서 공이 이루어지고 성인(聖人)의 모태 기르기를 오래 하면 성(聖) 됨을 이루게 되니 이를 점수(漸修)라 한다."

『수심결』에서 돈오점수(頓悟漸修)에 대한 질문에 지눌이 친절하게 답한 구절이다. 이후 돈오점수는 현대에 이르러 성철 스님이 반론을 제기하기 전까지 한국 불교의 핵심 이론 중 하나였다.

佛氏慈悲之辨

天地以生物爲心, 而人得天地生物之心以生. 故人皆有不忍人之心, 此卽所謂仁也. 佛雖夷狄, 亦人之類耳, 安得獨無此心哉. 吾儒所謂惻隱, 佛氏所謂慈悲, 皆仁之用也. 其立言雖同, 而其所施之方則大相遠矣. 蓋親與我同氣者也, 人與我同類者也, 物與我同生者也. 故仁心之所施, 自親而人而物. 如水之流盈於第一坎而後達於第二第三之坎. 其本深, 故其及者遠. 擧天下之物, 無一不在吾仁愛之中. 故曰, 親親而仁民, 仁民而愛物. 此儒者之道, 所以爲一爲實爲連續也. 佛氏則不然. 其於物也, 毒如豺虎, 微如蚊蝱, 尙欲以其身餧之而不辭. 其於人也, 越人有飢者, 思欲推食而食之, 秦人有寒者, 思欲推衣而衣之, 所謂布施者也. 若夫至親如父子, 至敬如君臣, 必欲絶而去之, 果何意歟. 且人之所以自重愼者, 以有父母妻子爲之顧藉也. 佛氏以人倫爲假合, 子不父其父, 臣不君其君, 恩義衰薄, 視至親如路人, 視至敬如弁髦, 其本源先失. 故其及於人物者, 如木之無根, 水之無源, 易致枯竭, 卒無利人濟物之效. 而拔劍斬蛇, 略無愛惜, 地獄之說, 極其慘酷, 反爲少恩之人. 向之所謂慈悲者, 果安在哉. 然而此心之天, 終有不可得而昧者. 故雖昏蔽之極, 一見父母則孝愛之心油然而生. 盍亦反而求之, 而乃曰多生習氣未盡除, 故愛根尙在. 執迷不悟, 莫此爲甚. 佛氏之敎, 所以無義無理, 而名敎所不容者此也.

09

참된 것과 허망한 것에 대한 불교의 주장을 논변함

　불씨는 마음과 본성[性]은 참되고 변하지 않는 것이라 하고, 천지만물은 가합(假合)된 것이라 한다. "일체 중생과 모든 종류의 환영과 변화가 모두 여래의 원각묘심(圓覺妙心)에서 나왔으니, 그것은 마치 신기루처럼 허공에 피었다 사라지는 꽃과 물에 비친 달의 그림자와 같다."[1]라고 한다. 또 "공(空)이 큰 깨달음[大覺] 중에서 생겨나는 것은 바다에 물거품이 하나 일어나는 것과 같아, 유루(有漏)[2]와 미진국(微塵國)[3]이 모두 공(空)에 의지해서 만들어진 것이다."라고 말한다. 【안: 이 글은 『능엄경』에서 인용했다. "큰 깨달음의 바다에는[大覺海] 본래 공(空)도 유(有)도 없는 것인데, 미혹(迷惑)의 바람이 고동(鼓動)하면 망령되게 공의 물거품이 일어나 모든 유(有)가 생겨나고, 미혹의 바람이 잦아들게 되면 공의 물거품도 없어진다. 그러므로 이에 의지해 생기는 모든 유는 다 참된 유가 될 수 없다. 공에 대한 깨달음이 원융(圓融)해야만 다시 원묘

(元妙)로 돌아간다."] 불씨의 말은 그 병폐가 많으나, 인륜(人倫)을 끊어 버리고도 조금도 거리낌이 없는 것이 병의 뿌리이므로 침을 놓고 약을 써서 치료하지 않을 수 없다.

아직 천지만물이 있기 전에 반드시 태극(太極)이 먼저 존재해서, 천지만물의 이치가 만물 중에 이미 완벽한 조화를 이루며 갖추어졌다. 그러므로 "태극이 양의(兩儀)를 낳고 양의(兩儀)가 사상(四象)을 낳는다."⁴고 하였으니, 모든 변화가 이로부터 비롯된다. 이는 마치 강에 근원이 있어 만 갈래로 흘러나감과 같고, 나무에 뿌리가 있어 가지와 잎이 무성하게 번성한 것과 같다. 이는 사람의 지혜와 힘으로 할 수 없는 일이고, 또한 사람의 지혜와 힘으로 막을 수도 없는 일이다.

그러나 이런 점은 초학자와 논의하기가 참으로 어려운 일이므로, 모든 사람이 쉽게 이해할 수 있는 것부터 말하겠다. 불씨가 몰(沒)한 때부터 지금까지 수천여 년이 지났다.⁵ 하늘이 땅 위를 높이 덮은 것이 이처럼 확연하고, 땅이 하늘 밑에 평평히 뻗은 것이 이같이 견고하며, 사람과 만물이 그 사이에서 태어남이 이같이 분명하고, 해와 달과 추위와 더위가 가고 옴이 이같이 질서정연하다.

이리하여 천체(天體)는 지극히 크지만, 그 주위를 운행하는 횟수나, 일월성신(日月星辰)이 순행하거나 역행하고, 빨리 가거나 느리게 가는 것은 비록 비바람이 부는 어두운 저녁에도 능히 8척(尺)과 몇 촌(寸)의 천문 측정기구로 관측 가능하다.⁶ 세월이 흘러 몇 억 년이 지나도 24절기의 순환은 일정하고, 달이 삭망(朔望)⁷을 이루다가 남은 일수를 윤년에 포함시켜 계산함으로 조금의 시간적 오차도 허용하지 않는다.

맹자(孟子)가 "하늘이 높고 별이 멀리 떨어져 있어도, 진실로 그 이치를 연구한다면 천년 후의 동지(冬至)도 앉아서 알 수 있다."[8]고 한 것이 바로 이것이다. 이 또한 누가 시켜서 이러한가? [그렇지 않다.] 반드시 실한 이치[實理]가 있어 그렇게 되도록 주도하는 것이다.

또한 불교도가 말하는 '가(假)'라는 것은 일시적인 것으로 천만년 동안 지속될 수는 없으며, '환(幻)'이라는 것도 한 사람을 속일 수는 있어도 천만 사람을 믿게 할 수는 없다. 그런데도 천지의 일정함이나 만물이 일정하게 창생(創生)되는 것을 일시적인 환영이라고 하니, 도대체 어찌 된 일인가?

불교에는 이치 탐구[窮理]의 배움이 없어서, 구하였지만 옳은 이론을 얻지 못한 것인가? 아니면 그 마음이 좁아 천지의 큼이나 만물의 많음을 그 안에 용납하지 못함인가? 그것도 아니면 마음을 지키는 핵심적인 가르침만을 좋아하고 궁리의 번거로움이나 만 가지 변화에 대응하는 수고로움을 싫어함인가?

장재(張載)가 '모두에게 명확한 것을 속일 수는 없다.'고 하였는데, 천지일월을 환영과 망상이라 하니, 부처의 그런 병통에는 반드시 근원이 있을 것이다. 요컨대, 그 보는 바가 가리어져 있으므로, 그 주장의 편벽됨이 이와 같다. 아아, 애석한 일이다. 내 어찌 시끄럽게 논쟁하고 말을 많이 하기를 좋아하겠는가? 내가 말을 그치지 못하는 것은 바로 저들의 마음이 너무 미혹(迷惑)되고 몽매한 것이 불쌍하고, 우리의 도(道)가 쇠하고 무너질까 봐 근심스러운 마음에서일 따름이다.

'나는 스스로 거하는 자이다.'

불교와 유학의 세계관은 당연히 다르다. 유학자의 입장에서뿐만 아니라 일반인의 입장에서도 천지의 운행이나 만물의 존재를 구체적 설명 없이 '일시적인 환영'이라고 주장하면 받아들이기가 쉽지 않다. 더구나 삼봉처럼 만물 이전에 "반드시 태극이 먼저 존재"했다고 믿는다면 더욱더 그렇다. 태극에서 음양, 사상, 만물에 이르는 만물 창생설을 전제한다면, 만물의 존재나 인륜 질서를 환상이라며 부정하는 불교의 입장에 대해 '도대체 어찌 된 일인가?' 하고 삼봉처럼 반문하게 된다. 불교에서 말하는 공[空, sunyata]은 일체의 존재가 인연에 의해 생성된 것으로 이 세상에는 스스로 존재할 수 있는 존재(Being)가 없다는 의미이다.

불교의 존재론에서는 '나는 스스로 거하는 자이다.'와 같은 절대적 존재를 인정하지 않는다. 이 점이 불교가 다른 종교와 분별되는 지점이다. 구도와 성찰을 통해 얻은 석가모니의 통찰에 의하면, 이 세상에 존재하는 모든 것들은 자기 원인적인 존재가 아니라 어떤 원인에 의해서 규정지어진 존재자들이다. 우리가 부모님에 의존하여 태어난 것처럼 우리의 부모님도 조부모에게 의지하였고, 이런 관계는 무수한 인연에 의해 끝없이 이어진다. 즉, 아리스토텔레스가 전제한 자신은 운동하지 않으면서 세상의 모든 운동을 가능하게 하였던 '부동(不動)의 동자(動者)'를 불교에서는 인정하지 않는다. 만물은 스스로 자기 존재의 원인이 되는 자기 원인적 존재가 아니고 일시적으로 존재하는 것에 불과함으로 불교에서는 모든 것이 공하다고 갈파한다. 그런 것들은 참된 존재가 아니라는 의미에서 환영이라 할 수 있다. 여기서 말하는 환영이나 공은 내 앞에 지금 존재하는 컴퓨터나 노트 같은 현상적 존재마저도 부정한다는 의미가 아니다. 그런 것들은 참된 존재가 아니라는 뜻이다.

본문의 내용은 삼봉의 말이지만 송대(宋代) 유학자들이 불교를 비판할 때 항상 하던 말이다. 특히 그들은 불교에서 오륜의 질서를 가합(假合)이고 환영에 불과하다고 주장한다고 오해하여 공허한 비판을 불교에 퍼부었다. 이 점에 있어서는 이정 형제나 주희 같은 인물들도 예외가 아니었다. 공(空)이라 번역된 'sunyata'의 핵심 논리를 일부에서는 이해하지 못하고, 일부에서는 의도적으로 곡해하여 초점 없는 비판을 불교에 가하였다. 사실 원전의 'sunyata'를 한자어 '空'이라는 번역어로 이해했으니, 오늘날 대학생들이 플라톤의 『대화』를 한국어나 기껏해야 영어 번역서로 읽고 원전을 읽었다고 생각하는 것과 얼마나 다르겠는가? 동아시아 지식인들이 불교의 원형적 모습에 제대로 접근한 것은 사실 그리 오래되지 않았다. 지금도 한문 경전이 싯다르타의 가르침을 온전히 담지하고 있다는 몰이해와 믿음이 일부에서는 여전히 유행하고 있다.

佛氏眞假之辨

佛氏以心性爲眞常, 常以天地萬物爲假合. 其言曰, 一切衆生, 種種幻化, 皆生如來圓覺妙心, 猶如空華及第二月. 按此一段, 出圓覺經, 言衆生業識, 不知自身內如來圓覺妙心. 若以智照用, 則法界之無實, 如空華, 衆生之妄相, 如第二月. 妙心本月, 第二月影也. 又曰, 空生大覺中, 如海一漚發, 有漏微塵國, 皆依空所立. 按此一段, 出楞嚴經, 言大覺海中, 本絶空有. 由迷風飄鼓, 妄發空漚, 而諸有生焉, 迷風旣息, 則空漚亦滅. 所依諸有, 遽不可得. 而空覺圓融, 復歸元妙. 佛氏之言, 其害多端. 然滅絶倫理, 略無忌憚者, 此其病根也. 不得不砭而藥之也. 蓋未有天地萬物之前, 畢竟先有太極, 而天地萬物之理, 已渾然具於其中. 故曰太極生兩儀, 兩儀生四象. 千變萬化, 皆從此出, 如水之有源, 萬派流注, 如木之有根, 枝葉暢茂. 此非人智力之所得而爲也. 亦非人智力之所得而遏也. 然此固有難與初學言者, 以其衆人所易見者而言之. 自佛氏歿, 至今數千餘年, 天之昆侖於上者, 若是其確然也, 地之磅礴於下者, 若是其隤然也, 人物之生於其間者, 若是其燦然也, 日月寒暑之往來, 若是其秩然也. 是以天體至大, 而其周圍運轉之度, 日月星辰逆順疾徐之行. 雖當風雨晦明之夕, 而不能外於八尺之璣, 數寸之衡. 歲年之積, 至於百千萬億之多, 而二十四氣之平分, 與夫朔虛氣盈餘分之積, 至於毫釐絲忽之微, 而亦不能外於乘除之兩策. 孟子所謂天之高也, 星辰之遠也, 苟求其故, 千歲之日至, 可坐而致者, 此也. 是亦孰使之然歟. 必有實理爲之主張也. 且假者, 可暫於一時, 而不可久於千萬世. 幻者可欺於一人. 而不可信於千萬人, 而以天地之常久, 萬物之常生, 謂之假且幻, 抑何說歟. 豈佛氏無窮理之學, 求其說而不得歟. 抑其心隘, 天地之大, 萬物之衆, 不得容於其中歟. 豈樂夫持守之約, 而厭夫窮理之煩, 酬酢萬變之勞歟. 張子曰, 明不能盡誣. 天地日月以爲幻妄, 則佛氏受病之處, 必有所自矣. 要之其所見蔽, 故其所言詖如此. 嗚呼惜哉. 予豈譊譊而多言者歟. 予所言之而不已者, 正惟彼心之迷昧爲可憐, 而吾道之衰廢爲可憂而已耳.

10

불교의 지옥설을 논변함

선유(先儒)가 불교의 지옥설을 논하여 다음과 같이 반박하였다.

"사람들이 세속(世俗)의 중[1]들의 속이고 꾀는 말을 믿어, 상사(喪事)가 있으면 모든 사람이 부처에게 공양(供養)하고 중에게 식사를 내주면서 말한다. '망자(亡者)의 죄를 없애고, 복을 받아 천당에 태어나서 행복을 누릴 수 있도록 하는 일이다. 이렇게 하지 않으면 망자는 반드시 지옥에 떨어져 사지가 썰리고, 타고, 찢이고, 돌에 갈리는 갖가지의 고초를 받는다.' 이는 망자의 형체가 썩어 없어지고 정신 또한 흩어져버려, 비록 썰고, 불태우고, 찢고, 갈려고 하여도, 그렇게 할 것이 없다는 것을 모르기 때문이다. 게다가 불교가 중국에 들어오기 전에도 진짜로 죽었다가 다시 살아난 사람들이 있었는데, 어째서 한 사람도 지옥에 잘못 들어가 이른바 시왕[十王][2]을 본 자가 없는가? 그러니 지옥이란 것이 없기도 하거니와 믿을 수도 없음이 명백하다."

또 어떤 사람은 "부처의 지옥설은 낮은 근기[下根]의 사람들을 위한 것으로, 지옥설로 그들을 겁먹게 만들어 선한 일을 하게 할 뿐이다."라고 말한다.[3] 이런 의견에 대해 정 선생[程子]은 "지성(至誠)이 천지를 관통하여도 교화되지 못하는 사람이 있는데, 어찌 거짓된 가르침으로 사람을 교화할 수 있겠는가?"라고 한 적이 있다.

옛날에 어떤 중이 나에게 "만일 지옥이 없다면 사람이 무엇이 두려워 악한 짓을 안 하겠는가?"[4]라고 묻기에, 내가 다음처럼 답하였다.

"군자(君子)가 선을 좋아하고 악을 미워함은, 마치 좋은 색을 좋아하고 나쁜 냄새를 싫어함과 같아 모두 마음속에서 우러나오는 것이지 무엇을 위해서 하는 것이 아니다. 한번이라도 오명(惡名)이 있게 되면 마음에 부끄러워하기를 마치 저잣거리에서 종아리를 맞는 듯이 여기는데, 어찌 지옥설이 있는 연후에야 악한 짓을 하지 않는다고 하는가?"

그러자 그 중은 아무 말도 못 하였다. 여기에 이 사실을 아울러 기록해, 지옥설에 미혹되는 세상 사람들이 분별할 수 있도록 하고자 한다.

❖

결과주의와 동기주의

지옥을 의미하는 산스크리트어 'Naraka'는 처음에 '즐거움이 없는[不樂] 곳'으로 번역되었다. 이 점에서 기독교의 초기 지옥에 대한 묘사와 유사한 면이 있다. 오늘날처럼 '영원한 형벌(eternal punishment)'의 땅을 가리키는 기독교적인 지옥은 중세 초기에는 아직 확립되지 않았던 관념이다. 단테의 『신곡』「인페르노(Divine Comedy, Inferno)」에서 생생하게 묘사된 처절한 고통과는 다르게 중세 초기에 지옥은 '기쁨이 없는 곳'이었다. 이후 기독교의 대중화가 더 진행되면서 천당과 지옥 사이의 연옥도 등장하고 지옥에 대한 두려움이 더 심화되어갔다. 유사한 개념 변천사를 불교에서도 볼 수 있다. 불교가 포교에 힘쓰고 불교의 종교화가 진행될수록 고통과 처벌의 땅으로서의 지옥에 대한 생생한 묘사가 강화되었다. 불교에서는 총 136개나 되는 지옥을 말하고 있을 정도다.

본 장에서 삼봉은 지옥이 실재하지 않더라도 근기가 낮은 사람들로 하여금 악행을 피하고 선을 행하게 하는 수단[方便]이 된다는 주장에 거짓 가르침으로 사람들을 교화할 수 없다고 반대한다. 본래적으로 선한 내적 본성의 발현으로 선을 행할 수 있고, 행해야 한다는 유학의 입장에서는 공포심을 갖게 하여 선을 행하게 할 수 있다는 주장에 동의하기 어렵다. 즉, 교육의 혜택을 제대로 받지 못했거나 다른 어떤 이유로 인해 사유의 지평이 낮은 이들이라 하더라도 효과나 유용성에 집착해서 참된 교리가 아닌 것을 가르쳐서는 안 된다는 입장이다. 파스칼은 '내기의 승부'를 주장하면서 "우리가 하나님이 존재한다는 데 거는 것이 존재하지 않는다는 데 거는 것보다 더 유리하다"고 한 적이 있다. 내기에서 하나님이 존재하지 않는다는 데 걸었다가 만약 하나님이 실존한다면 그 처벌은 상상할 수 없는 것이기 때문이다. 이는 근기가 낮은 이들을 교화하기 위한 방편(方便)으로서 지옥을 주장한다는 불교의 입장과 매우 유사하다. 하지만 유학의 주류는 동기주의를 근간으로 하기 때문에 결과주의나 공리주의적 입장에 반대한다. 삼봉은 본문에서 도덕실천에서 자발적 동기를 중시하는 유학의 입장을 충실히 따르고 있다. 유학 내부에도 이와 유사한 대립이 있는데, 주희와 진량의 논쟁이 바로 동기주의와 결과주의 혹은 공리주의 사이의 대립을 보여준다.[5]

佛氏地獄之辨

先儒辨佛氏地獄之說曰, 世俗信浮屠誑誘, 凡有喪事無不供佛飯僧, 云爲死者滅罪資福, 使生天堂, 受諸快樂. 不爲者, 必入地獄, 剉燒舂磨, 受諸苦楚. 殊不知死者, 形旣朽滅, 神亦飄散, 雖有剉燒舂磨, 且無所施. 又況佛法未入中國之前, 人固有死而復生者, 何故都無一人誤入地獄, 見所謂十王者歟. 此其無有而未足信也明矣. 或曰, 釋氏地獄之說, 皆是爲下根之人, 設此怖令爲善耳. 程子曰, 至誠貫天地, 人尙有不化, 豈有立僞敎而人可化乎. 昔有僧問予曰, 若無地獄, 人何畏而不爲惡乎. 予曰, 君子之好善惡惡, 如好好色, 如惡惡臭, 皆由中而出, 無所爲而爲之. 一有惡名至, 則其心愧恥, 若撻于市, 豈待地獄之說然後不爲惡乎. 其僧默然. 於此幷書之, 俾世之惑於其說者, 知所辨焉.

11

불교의 화복설을 논변함

하늘의 도(道)는 선한 사람에게 복을 주고 음란한 사람에게 화를 주며, 사람의 도는 선한 사람에게 상을 주고 악한 사람에게 벌을 준다. 대개 사람의 마음가짐에 사특함과 바름이 있고, 행동함에 옳고 그름이 있어서, 화와 복이 그 각각을 따라온다. 그러므로 『시경(詩經)』에서 '복을 구하여 삿[邪]되게 하지 않는다.'고 하였으며, 공자(孔子)는 "하늘에 죄를 지으면 빌 곳이 없다."[1]고 하였다. 군자는 화와 복에 대하여 마음을 바르게 하고 자기 몸을 닦을 뿐이지만, 복은 구태여 구하지 않아도 저절로 이르고, 화는 구태여 피하지 않아도 저절로 멀어진다. 그러므로 "군자는 성현이 되지 못할까 두려워 종신토록 노력해야 할 근심은 있어도 하루아침에 해야 할 근심은 없다."[2]고 한다. 군자는 밖에서 화가 닥쳐오더라도 순순히 그것을 받아들일 뿐이니, 마치 계절의 변화가 자신을 지나가는 것처럼 여겨 화와 복에 마음을 두지 아니한다.

그러나 저 불교에서는 사람의 사악함과 바름이나, 옳고 그름을 논하지 않고, '우리 부처에게로 귀의(歸依)하는 자는 화를 면하고 복을 얻을 수 있다.'고 한다. 이는 비록 열 가지의 중죄(重罪)³를 지은 큰 악인일지라도 부처에게 귀의하면 화를 면하게 되고, 비록 도가 있는 선비일지라도 부처에게 귀의하지 않으면 화를 면할 수 없다는 뜻이다. 비록 그 말이 헛된 것이 아니라 하더라도, 모두 사심(私心)에서 나온 것으로 공도(公道)가 아니니 마땅히 응징해야 한다. 게다가 불교가 흥기한 후 오늘에 이르기까지 수천여 년 동안에 부처 섬기기를 매우 독실하게 한 양(梁)나라 무제(武帝)나 당(唐)나라 헌종(憲宗)과 같은 군주도 모두 재난을 피하지는 못하였다. 한퇴지(韓退之)가 "부처 섬기기를 점점 근실하게 할수록 오히려 왕조의 수명은 단축되었다."⁴고 한 말의 의미가 깊고도 절실하고 분명하지 않은가?

기복 신앙으로서의 불교

'부처님에게 귀의하는 자는 화를 면하고 복을 받는다.' 이는 불교의 기복 신앙적 측면을 잘 보여주는 구절이다. 기복 신앙은 모든 종교의 공통된 현상의 하나로 내세를 현세보다 중시하는 기독교에도 만연해 있다. 일반 교인들의 신앙 고백에서 교회를 다닌 뒤로 사업이 잘돼 집안 형편이 좋아지고 아이들도 좋은 대학에 합격했다는 식의 얘기를 어렵지 않게 들을 수 있다. 매년 수능 100일 전에 뉴스를 보면 사찰에서 불공을 드리는 부모님들의 애절한 기도 모습을 볼 수 있는데, 자식의 합격을 염원하는 구복 행위다. 최후의 깨달음을 얻기 위해 용맹정진하는 모습이나, 무엇보다 너 자신에 의지하라고 한 싯다르타의 마지막 유언과는 거리가 있는 모습이다. 삼봉이 보기에 복을 구하는 이런 행동은 모두 사사로운 일이므로 마땅히 공심(公心)으로 바로잡아야 한다. 군자는 화복에 구애받지 않고 자신을 닦으며, 피할 수 없는 화는 순순히 받아들인다. 담담한 마음으로 화복에 초연하는 것, 이 얼마나 높은 경지인가!

그런데 당연하지만 불교에 기복 신앙적인 측면만 있는 것은 아니다. 근기가 높은 이들에게는 불교의 근본 교리마저도 비판해야 한다고 가르친다. 조사를 만나면 조사를 죽이고 부처를 만나면 부처를 죽인다는 말이 지시하는 바가 이것이다. 그 어떤 외부의 권위나 경전의 언어에도 구속되지 않는 절대 자유를 추구하는 것이 불교의 근본정신이다.

또 일반인들이 신앙생활을 하면서 복을 구하는 것이 꼭 나쁜 일인가? 어쩌면 기복 신앙은 종교생활에서 빼놓을 수 없는 부분이라고도 할 수 있다. 사찰과 교회에서 자신의 신앙대로 기도하면서 자기 자신이나 가족보다 이 땅의 평화와 핍박받는 이들을 위해 진정으로 기도하는 사람도 물론 있겠지만, 모든 이들이 그렇게 할 수 있을까? 이 점에서 사대부를 주된 계층으로 하였던 유학의 한 특성을 엿볼 수 있다. 유학이 종교라면 유학은 지식인의 종교다.

佛氏禍福之辨

天道福善而禍淫, 人道賞善而罰惡. 蓋由人操心有邪正, 行己有是非. 而禍福各以其類應之. 詩曰, 求福不回, 夫子曰, 獲罪於天, 無所禱也. 蓋君子之於禍福, 正吾心而已, 修吾己而已, 福不必求而自至, 禍不必避而自遠. 故曰君子有終身之憂, 無一朝之患. 禍苟有自外而至者, 順而受之而已, 如寒暑之過於前, 而吾無所與也. 彼佛氏則不論人之邪正是非, 乃曰歸吾佛者, 禍可免而福可得. 是雖犯十惡大憝者, 歸佛則免之, 雖有道之士, 不歸佛則不免也. 假使其說不虛, 皆出於私心而非公道也. 在所懲之也, 況自佛說興至今數千餘年, 其間事佛甚篤, 如梁武唐憲者, 皆不得免焉. 韓退之所謂事佛漸謹, 年代尤促者, 此其說不亦深切著明矣乎.

12

불교의 걸식행위를 논변함

사람에게 먹는다는 것은 큰일이다. 하루도 식사하지 않을 수 없지만, 그렇다고 하루라도 구차하게 식사할 수는 없다. 먹지 않으면 생명에 해가 되고, 구차한 식사는 당당함에 해가 된다. 그러므로 「홍범(洪範)」 팔정(八政)[1]에서 식(食)과 화(貨)를 앞에 두었고, 백성에게 오교(五敎)[2]를 중시하게 하였지만, 먹는 일을 최우선으로 하였다. 자공(子貢)이 정치에 관하여 묻자, 공자(孔子)는 "백성들의 먹을 것부터 충족시켜야 한다."[3]고 답하였다. 옛 성인들은 백성들이 하루라도 식사하지 않고 살아갈 수 없음을 알았다. 그러므로 모두 이를 급선무로 여겨 농사짓는 법을 가르쳐 장려하고, 공납과 조세 제도를 정하여 국방이나 국가의 수요에 대처하였다. 또, 제사 지내는 일과 외교적 접대에 사용하고, 홀아비·과부·독거노인·고아를 돌보게 함으로써 가난과 배고픔의 탄식을 없애고자 하였으니, 성인이 백성을 염려하심이 이토록 절실하였다.

위로 천자와 공경대부(公卿大夫)는 백성을 다스림으로써 먹을 것을 얻었고, 아래로 농부·공인·상인들은 힘써 일함으로써 먹을 것을 얻었다. 중간 계층인 선비는 집 안에서는 효도하고 집 밖에서 공경하여 선왕의 도를 지키고, 후학(後學)을 가르침으로써 먹을 것을 얻었다.[4] 이는 옛 성인께서 우리가 하루라도 구차스럽게 먹고살 수 없음을 알았기 때문이다. 사회 상층에서 하층까지 각각 그 직분(職分)이 있어 하늘의 양육[天養]을 받았으니 백성의 범죄를 미리 방지하려 함이 이렇게 지극했다. 이처럼 직분에 따라 일하여 먹고살지 않는 자는 간사한 백성이라 하여 왕법으로 반드시 처단하고 용서하지 않았다.

그런데 『금강경(金剛經)』에서, "어느 때 세존(世尊)이 식사 때가 되어 가사를 입고 발우[鉢]를 가지고는 사위성(舍衛城)[5]에 들어가 그 성 안에서 걸식하였다."고 하였다. 석가모니라는 사람은 부부가 함께 기거하는 것을 옳지 않다고 여겨 인륜을 버리고 출가하여, 농사짓는 일도 버렸으니, 생명 연속의 근본을 끊어버린 것이다.[6] 그러고는 그런 도로써 천하를 바꾸려고 한다. 하지만 참으로 그의 가르침처럼 행한다면, [부부관계가 없으므로] 천하에 사람이 없을 것인데, 과연 걸식할 사람이나 있겠는가? 또 천하에 음식이 없을 것인데 빌어먹을 음식이나 있겠는가?

석가모니라는 사람은 서역(西域, 인도) 왕의 아들로, 부친의 자리를 옳지 않다고 여겨 왕위에 올라 머무르지 않았으니, 백성을 다스릴 자는 아니다. 남자가 밭 가는 일이나 여자가 베 짜는 일도 옳지 않다고 여겨 버렸으니, 힘써 일한 적이 있었겠는가? 그에게는 부자관계도, 군신관계도, 부부관계도 없으니, 이 또한 선왕(先王)의 도를 지키는 자가 아니다.

이런 사람은 하루에 쌀 한 톨을 먹을지라도 모두 구차하게 먹는다. 진실로 자신의 주장처럼 하려면 참으로 지렁이[7]처럼 아예 먹지 말아야 할 것인데, 어찌 걸식한단 말인가? 더구나 자력으로 벌어서 식사하는 것을 옳지 않다고 하는데, 그렇다면 걸식이 옳다는 말인가? 불씨의 합당하지도 않고 이치에 맞지도 않는 말들이 책만 펴면 바로 보이기 때문에 여기에 논하여 변박한다.

부처는 애초에 걸식하면서 먹고살았을 뿐이다. 군자는 그를 합당하게 책망하여 조금도 용납함이 없어야 한다. 그런데 오늘날에는 중들이 화려한 전당(殿堂)과 큰 집에 기거하고, 사치스러운 옷과 풍부하고 좋은 음식으로 편안히 앉아서 삶을 누리는 것이 마치 노비가 왕자(王者) 받듦과 같다. 넓은 전원(田園)과 많은 노복을 가지고 있고, 회계문서는 그 수가 공문서를 능가할 정도이며, 일을 처리함에 있어 바쁘게 움직이는 것이 공무(公務)를 처리하는 것보다도 더 분주하고 엄하다. 불도(佛道)에서 말하는 번뇌를 끊고 세간을 떠나 마음을 청정(淸淨)하게 하고 욕심을 없앤다[8]는 주장은 도대체 어디에 있는가?

오직 가만히 앉아서 의식(衣食)을 소비할 뿐이며, 좋은 일이라고 거짓으로 의탁하여 갖가지 일로 사람들로 하여금 공양하게 하고, 음식을 낭비하며 비단을 찢어 갖가지 기(旗)를 만들어 불당(佛堂)을 장엄하게 꾸미니, 대개 평민 열 집의 재산을 하루아침에 탕진한다. 아! 의리(義理)를 폐하고 저버려 이미 인륜을 버린 불한당이 되었고, 하늘이 주신 물건을 함부로 써대면서 아까운 줄을 모르니, 이들은 실로 천지의 큰 좀이로다!

장재가 "위로는 예(禮)로써 그 허위를 막을 만한 사람이 없고, 아래로는 학식으로써 그 막힌 바를 헤아려줄 만한 사람이 없다. 홀로 서서 두려워하지 않고, 정일(精一)하여 스스로를 믿는, 남보다 크게 뛰어난 재능 있는 사람이 아니고서야 어찌 그 사이에 바로 서서 불교도와 옳고 그름을 견주고 득실을 따질 수 있겠는가?" 하였으니, 아! 선생께서 이토록 깊이 탄식한 것이 어찌 우연이겠는가! 어찌 우연이겠는가!

종교인의 자세

본 장에서 삼봉은 고려 말 당시 불교의 폐단이 도를 넘어섰다고 비판한다. 자신의 몸을 수고스럽게 해서 먹고살아야 한다는 정신은 온데간데없고 승려들이 호의호식하고 일반인들이 상상할 수 없을 정도로 사치스러운 생활을 한다고 고발한다. 불교의 근본이 민중 구제인데, 오히려 민중에게 기생하는 좀이 되어버렸다는 것이다. 이런 지적은 좀 과장되었거나 유학자로서 비판적인 시각에서 지적했다고 볼 수도 있지만, 오늘날의 불교도 이와 유사한 비판을 받고 있는 것을 보면 지나친 지적은 아닌 듯하다. 총무원장 선거에 동원된 자금이나 인력에 대한 가십거리가 매회 반복되다 보니 이제는 당연히 그런가 보다 하는 형국이 되어버렸다. 그러니 삼봉의 지적이 오늘날에도 참으로 적실하지 않은가?

사실 이런 현상이 어찌 불교계에서만 일어나는 것이겠는가? 종교인이 행해야 할 자비와 박애정신, 약자에 대한 베풂 같은 훈훈한 소식은 어쩌다 간혹 들려오고, 한국을 대표하는 교회의 하나인 '사랑의교회'가 소송 중이라거나 대형 교회가 자녀에게 세습이 되었다는 등 그다지 반갑지 않은 이야기들을 더 많이 듣는 것이 오늘날의 불편한 현실이다. 그래서 더 '울지마 톤즈'의 고 이태석 신부가 그립다.

佛氏乞食之辨

食之於人, 大矣哉. 不可一日而無食, 亦不可一日而苟食. 無食則害性命, 苟食則害義理. 洪範八政, 食貨爲先, 重民五敎, 惟食居首. 子貢問政, 則夫子以足食告之. 此古之聖人, 知生民之道, 不可一日而無食. 故皆汲汲於斯, 敎以稼穡, 制以貢賦, 軍國有須, 祭祀賓客有給, 鰥寡老幼有養, 而無匱乏飢餓之歎, 聖人之慮民遠矣. 上而天子公卿大夫治民而食, 下而農工商賈勤力而食, 中而爲士者, 入孝出悌, 守先王之道, 以待後之學者而食. 此古之聖人, 知其不可一日而苟食故, 自上達下, 各有其職, 以受天養, 其所以防民者至矣. 不居此列者, 姦民也, 王法所必誅而不赦者也. 金剛經曰, 爾時世尊食時, 着衣持鉢, 入舍衛城, 按舍衛, 波斯國名. 乞食於其城中. 夫釋迦牟尼者, 以男女居室爲不義. 出人倫之外, 去稼穡之事, 絶生生之本, 欲以其道, 思以易天下. 信如其道, 是天下無人也, 果有可乞之人乎. 是天下無食也, 果有可乞之食乎. 釋迦牟尼者, 西域王之子也. 以父之位, 爲不義而不居, 非治民者也, 以男耕女織, 爲不義而去之, 何勤力之有. 無父子君臣夫婦, 則又非守先王之道者也. 此人雖一日食一粒, 皆苟食也. 信如其道, 誠不食如蚯蚓然後可也, 何爲乞而食乎. 且食在自力則爲不義, 而在乞則爲義乎. 佛氏之言, 無義無理, 開卷便見, 故於此論而辨之.

佛氏其初, 不過乞食而食之耳. 君子尚且以義責之, 無小容焉. 今也華堂重屋, 豐衣厚食, 安坐而享之如王者之奉. 廣置田園臧獲, 文簿雲委, 過於公卷, 奔走供給, 峻於公務, 其道所謂斷煩惱出世間, 淸淨寡欲者, 顧安在哉. 不惟坐費衣食而已, 假托好事, 種種供養, 饌食狼藉, 壞裂綵帛, 莊嚴幢幡. 蓋平民十家之產, 一朝而費之. 噫, 廢棄義理. 旣爲人倫之蟊賊, 而暴殄天物, 實乃天地之巨蠹也. 張子曰, 上無禮以防其僞, 下無學以稽其蔽. 非獨立不懼, 精一自信, 有大過人之才, 何以正立其間, 與之較是非計得失哉. 噫, 先正之所以深致歎息者, 豈偶然哉. 豈偶然哉.

13

선종에 대해 논변함

불교가 처음에는 인연(因緣)과 과보(果報)를 주장하여 어리석은 백성을 속이고 유혹하는 데 불과하였다. 비록 허무(虛無)를 자신들 이론의 근본으로 삼아 인간사(人間事)를 저버렸지만, 그래도 선을 행하면 복을 받고 악을 행하면 재난이 닥친다고 하여서, 사람들이 악을 경계하고 선을 권장하게 하였다. 자신들의 몸가짐을 계율(戒律)에 맞추고자 하여, 그 방자함이 극에 이르지는 않았다. 그러므로 인륜을 비록 훼손하였으나 합당함과 이치[理]를 전부 상실하지는 않았다.

그러다가 후에 달마(達摩)[1]가 중국에 와, 자신들의 주장이 얕고 비루(卑陋)하여 고명(高明)한 선비들을 현혹시킬 수 없음을 스스로 깨닫고는, 다음과 같이 주장하였다. "문자에 의존하지 말고, 언어의 길을 끊어라! 자신의 마음을 바로 직시하여 본성을 깨달으면 부처가 될 수 있다."[2]

그 말이 한번 나와 깨달음으로 가는 첩경(捷徑)이 열린 듯하자, 불교도들이 서로 번갈아 돌아가며 논하였다. 즉, 어떤 사람은 "선 또한 이 마음이니 이 마음을 가지고 이 마음을 닦을 수 없으며, 악 또한 이 마음이니 이 마음을 가지고 이 마음을 끊을 수 없다."고 하며, 권선징악의 도리를 버렸다. 또 어떤 사람은 "음란함[淫]과 노함[怒]과 어리석음[癡]이 모두 청정(淸淨)한 수행[梵行]이다."라고 하니, 이는 계율(戒律)로 몸가짐을 지키는 길마저 잃어버린 것이다. 그럼에도 스스로 허물에 빠지지 않는다고 여겨 세속의 모든 속박을 풀어버리고자, 오만하게 예법에서 벗어나 자신을 스스로에게 제멋대로 맡겨버린다. 그 방자하기가 마치 미친 사람 같아, 사람의 도리라고는 조금도 없다. 최소한의 합당함과 이치[理]라는 것도 여기³에 이르러서는 모두 상실했다.

주문공(朱文公)⁴은 이를 염려하여 다음의 시를 읊었다.

    불교는 인연(因緣)과 업(業)을 말하여
    비루(鄙陋)하게도 뭇 어리석은 이들을 꾀어내네
    전해져 내려온 시간이 이미 많이 흘렀건만
    부질없이 허(虛)와 공(空)에 사다리를 대고 있구나
    이것저것 살피다가 심성(心性)을 가리켜
    유무(有無)를 초월했다 하네⁵

    깨달음의 첩경이 한번 열린 듯하자
    휩쓸리듯 경쟁하며 온 세상이 쏠리는데

공(空)만을 내세우고 실질은 없으니
가시덤불 길에 넘어져 갈팡질팡하는구나
누구인가? 세 성인[6]을 계승하여
우리를 위해 불서(佛書)를 모두 불사를 이가!

西方論緣業

卑卑喩群愚

流傳世代久

梯接凌空虛

顧盻指心性

名言超有無

捷徑一以開

靡然世爭趨

號空不踐實

躓彼榛棘塗

誰哉繼三聖

爲我焚其書

깊고도 깊도다! 주 선생의 우려하심이! 나 또한 놀라 재삼 탄식한다.

선종의 가르침

이 장은 선종에 대해서 언급하면서 선종의 핵심 내용을 언급하고 있다.

선종의 핵심 가르침은 다음 16자에 잘 설명되어 있다.

> 教外別傳 A special tradition outside the scriptures
> 不立文字 No dependence upon words and letters
> 直指人心 Direct pointing at the human heart
> 見性成佛 Seeing into one's own nature and the attainment of Buddhahood

순서상으로는 교외별전이 먼저지만, 이해를 돕기 위해 상대적으로 더 잘 알려진 불립문자부터 알아보자.

(1) 불립문자(不立文字)

불립문자란 문자로써 가르침[敎]을 세우는 것이 아니라는 뜻이다. 교종에서 경론의 문자와 교설을 위주로 가르쳐 불교의 참정신을 잃고 있다고 보고, 선종에서는 참된 불법은 마음에서 마음으로 전해지는 것[以心傳心]으로 본다. 즉, 언어나 문자로써는 참다운 진리를 나타낼 수도 없고, 전달할 수도 없는 것이기 때문에, 거기에 구애되어서는 안 된다는 것이다. 불립문자는 문자를 빌리지 않고 문자에 의존하지 않는다는 의미이지 문자를 사용하지 않는다는 것은 아니다. 문자에 집착하지 않으며, 보편적인 명제의 형식을 취하여 확언하지 않는다는 것이다. 따라서 경전의 내용에 대해서는 형식에 구애되지 않는 자유로운 태도를 취하게 된다. 또 경전에 기술되어 있지 않은 곳에 불교의 진리가 있다고 본다.

특히 『육조단경』을 지은 혜능은 바깥세계의 사물에 대한 인식은 사람의 마음에 따라 결정된다고 하였다. 즉, "마음이 일어나면 갖가지 사물이 생겨나고, 마음이 없으면 갖가지 사물이 없어진다." 마음은 모든 사물이 생겨나는 근원으로서 마음을 인식하면 모든 사물이 인식된다는 것이다. 따라서 우리는 진리를 알기 위해서 경전에 집착할 필요가 없으며, 마음에 의지하여 깨달으면 된다.

(2) 교외별전(敎外別傳)

교외별전이란 경전이 절대적 가치나 의의를 가졌다고 보지 않는 것을 말한다. 즉 문자에 의한 진리 인식이 아니라 마음에서 마음으로 진리를 전하는 것을 뜻한다. 불타가 언어로써 가르침을 전하는 것이 교내(敎內)의 법이라면, 교외(敎外)의 법은 불타의 마음을 직접 다른 사람의 마음에 전하는 것을 말한다. 달의 비유를 보면 잘 알 수 있는데, 즉 진리를 달에 비유하면 교(敎)는 달을 가리키는 손가락에 지나지 않으며,

이에 반해 선(禪)은 달을 직접 체험하는 것이다.

다른 종파가 모두 교내의 법을 가르치는 데에 대하여, 선종은 교외의 법을 주장하고 있다. 모든 교리는 마음의 메아리에 불과하므로 교리나 경전 속에서 진리를 찾지 말고, 자기 자신의 마음속에서 진리를 찾아야 한다. 고명한 선사일지라도 자신의 깨달음을 다른 사람의 마음속에 주입시킬 수는 없다. 그러므로 참된 진리는 스스로 물을 마셔본 후 차고 더운 바를 아는 것과 같이 오로지 마음에 의해서 경험되고 터득된다는 것이다. 혜능은 『육조단경』에서 다음과 같이 말한다. "모든 만물은 자기의 마음속에 있는 것인데, 어찌 마음 밖에서 진여(眞如)를 볼 수 있겠는가?" 혹은 "참다운 지혜는 다만 마음에서 찾을 수 있는 것인데, 어찌 밖으로 향하여 그것을 찾으려고 애를 쓰는가?"

(3) 직지인심(直指人心)

사람은 누구나 마음속에 불성을 가지고 있으며, 그것은 언제나 맑고 깨끗하여 마치 해와 달처럼 빛나는 것이지만, 때때로 망념의 구름에 가려 그릇된 번뇌의 마음이 일어날 수 있다. 선종에서 말하는 참다운 지혜란 마음, 곧 본성을 아는 것이므로 직지인심이란 마음을 알아야 부처가 된다는 뜻이다. 즉, "궁극의 지혜란 바로 당신의 마음을 아는 것일 뿐이니, 마음 밖에 따로 부처가 없다."

마음속의 청정한 불성을 드러내려면 무념(無念)이 필요하다. 무념은 선종의 최고 가르침인데, 혜능에 의하면 "무념을 아는 것이 중도의 첫째 진리"라고 한다. 모든 앎이나 수행이 무념의 상태에서 행해져야 한다. 선을 행하고 악을 버리려고 하거나, 공(空)을 보고 선정에 들려고 하는 수행도 이미 무념의 상태가 아닌 유념의 상태이므로 참다운 수행이 아니다. 요컨대 무념의 수행을 수련의 방법으로 삼아야 한다.

(4) 견성성불(見性成佛)

선종에서는 마음이 곧 불성이므로 마음을 보는 것이 곧 불성을 보는 것이다. 그리고 불성이 곧 부처이므로 마음속의 불성을 보는 견성이 곧 성불하는 것이다. 그러므로 직지인심과 견성성불은 사실상 같은 의미가 된다. 『육조단경』의 다음 구절이 이를 잘 보여준다.

"우리의 본성이 바로 불성이니, 우리의 본성을 떠나서 깨달음이 따로 있는 것이 아니다."

"내 마음에 이미 부처가 있으니, 이 마음속의 부처야말로 참다운 부처이다."

佛氏禪教之辨

佛氏之說, 其初不過論因緣果報, 以誑誘愚民耳. 雖以虛無爲宗, 廢棄人事, 尙有爲善得福, 爲惡得禍之說, 使人有所懲勸. 持身戒律, 不至於放肆. 故人倫雖毀, 義理未盡喪了. 至達摩入中國, 自知其說淺陋, 不足以惑高明之士. 於是曰, 不立文字, 言語道斷, 直指人心, 見性成佛. 其說一出, 捷徑便開, 其徒轉相論述. 或曰, 善亦是心, 不可將心修心. 惡亦是心, 不可將心斷心. 善惡懲勸之道絶矣. 或曰, 及淫怒癡, 皆是梵行, 戒律持身之道失矣. 自以爲不落窠曰, 解縛去械, 憽然出於禮法之外, 放肆自恣, 汲汲如狂, 無復人理. 所謂義理者, 至此都喪也. 朱文公憂之曰, 西方論緣業, 卑卑喩群愚. 流傳世代久, 梯接凌空虛. 顧眄指心性, 名言超有無. 按佛說, 大略有三, 其初齋戒, 後有義學, 有禪學. 緣之名有十二, 曰觸愛受取有生老死憂悲苦惱. 業之名有三, 曰身口意. 指心性, 謂卽心是佛, 見性成佛, 超有無, 謂言有則云色卽是空, 言無則云空卽是色. 捷徑一以開, 靡然世爭趨. 號空不踐實, 躓彼榛棘途. 誰哉繼三聖, 按三聖, 謂禹周公孔子, 爲我焚其書. 甚哉, 其憂之之深也. 予亦爲之憮然三歎.

14

불교와 유학의
같고 다름에 대해 논변함

    선유(先儒)가 '유학과 석씨(釋氏)의 도는 여러 구절에서 같지만, 실제 행하는 일의 내용은 다르다.'고 하였다. 이제 이에 근거하여 미루어 추론해보면, 우리 유가(儒家)에서 빔[虛]을 말하고, 저들 불가(佛家)에서도 빔을 말하고, 우리가 고요함[寂]을 말하고, 저들도 고요함을 말한다. 그러나 우리의 빔은 허하되 있음[有]이고, 저들의 빔은 비워서 없는 것[無]이며, 우리의 고요함은 고요하되 느끼는 것[感]이요, 저들의 고요함은 고요하여 없어지는 것[滅]이다.[1]

    우리는 앎[知]과 실천[行]을 말하고, 저들은 깨달음[悟]과 수행[修]을 말한다. 우리의 앎은 만물의 이치가 내 마음에 갖추어 있음을 아는 것이며[2], 저들의 깨달음은 이 마음이 본래 공(空)하여 아무것도 없음을 깨닫는 것이다. 우리의 실천은 만물의 이치를 따라 행하여 이치에 어긋나거나 잘못됨이 없는 것이요, 저들의 수행은 내 마음에서 만물을 끊어버려 내 마음이 만물에 매이지 않게 하는 것³이다. 우리는 마음이 모든 이치를 갖추고 있다고 보고, 저들은 마음이 만법(萬法)을 낳는다고 한다. 이른바 모든 이치를 갖추고 있다고 하는 것은, 마음 가운데에 원래 이 이치가 있어 바야흐로 마음이 고요할 때는 지극히 고요하여 이치[理]의 본체[體]가 그 안에 구비되어 있고, 마음이 움직이면 느끼고 통하는데 이것은 이치의 작용[用]이 행해지는 것이다. 『역전』에서 "[역의 본체는] 고요하여 움직이지 않고, 그 작용이 발하여 감(感)하면 천하의 모든 것과 통한다."⁴고 한 것이 바로 이것이다.

그런데 이른바 마음이 만법(萬法)을 낳는다는 것은 마음 가운데에 본래 이 법이 없는데, 밖의 사물을 대한 후에 법이 생긴다는 뜻이다. 그러므로 바야흐로 마음이 고요할 때에는 이 마음이 머물러 있는 사물이나 사건이 없고, 마음이 움직이면 우연히 부딪치는 곳에서 만법이 생긴다는 뜻이다.⁵ 불전(佛典)에서 "[사물에] 자신의 마음을 두지 말아야 청정심이 생긴다."⁶고 한 것이나, "마음이 일어나면 일체 법이 생기고, 마음이 사라지면 일체 법도 사라진다."⁷고 한 것이 바로 이 뜻이다. 우리는 이치가 진실로 있다고 하는데, 저들은 법(法)이 상호 의존적으로 일어난다고 하니⁸, 어떻게 그 말은 같은데⁹ 실제 일은 이처럼 다른가? 우리는 '온갖 변화에 응대한다'고 하는데, 저들은 '일체에 순응하여 거스르지 않고 따른다'고 한다. 그 말이 같은 것 같지만, 이른바 우리가 '온갖 변화에 응대한다'고 하는 것은 어떤 사건이 발생했을 때, 내 마음이 각각에 응하여 합당한 법칙으로 제어하고 알맞게 대처하여, 그 마땅함을 잃지 않는다는 뜻이다. 예를 들어, 만일 여기에 자식 된 자가 있으면 반드시 효성스럽게 하고 적자(賊者)가 되지 못하게 하며, 여기에 신하 된 자가 있으면 충신(忠臣)이 되게 하고 난신(亂臣)이 되지 못하게 한다. 동물의 경우에도 소는 논밭을 갈고 사람을 들이받지 못하게 하며, 말은 물건을 싣고 가고 사람을 발로 차고 깨물지 못하게 하며, 범과 이리는 함정을 만들어 우리에 가두어 사람을 물지 못하게 하니, 각각의 고유한 이치에 따라 대처해야 한다.

반면에 부처의 이른바 '일체에 순응하여 거스르지 않고 따른다'는 것처럼 하면 무릇 남의 자식 된 자의 경우에, 효자는 스스로 효자가 되고 적자(賊子)는 스스로 적자가 되는 것이다. 남의 신하 된 자의 경우에는, 충신은 스스로 충신이 되고, 난신(亂臣)은 스스로 난신이 되며, 소나 말이 논밭을 갈고 물건을 싣고 하는 것도 스스로 갈고 싣고 하며, 사람을 치받고 물고 하는 것도 스스로 치받고 무는 것이어서, 스스로 하는 대로 둘 뿐이요, 내 마음의 작용이 그 사이에 끼어들 여지가 없다.

부처의 학설이 이와 같은지라, 저들은 사물이 스스로 그렇게 되는 것이지 다른 사물에 의해 그렇게 되지는 않는다고 한다. 그런데 만일 누군가가 돈 한 푼을 주었는데도 그것을 어떻게 사용해야 하는지 모른다면 이상하지 않은가? 하늘이 사람을 낳아 만물의 영장이 되게 하고 지나침을 억제하고 미치지 못함을 돕는 직책을 준 이유가 과연 어디에 있겠는가?

설명이 반복되어 논의가 비록 번잡하나, 요컨대 우리는 마음과 이치가 하나라고 보았고, 저들은 마음과 이치가 둘이라고 보았다. 저들은 마음이 공(空)하고 이치도 없다고 보았고, 우리는 마음이 비록 공(空)[10]

하나 만물의 이치가 모두 갖추어져 있다고 보았다.

그러므로 "우리 유가는 하나이고, 부처는 둘이며, 우리 유가는 이어지고, 부처는 끊어졌다."[11]고 말한다. 그러나 마음은 하나인데 어찌 우리와 저들의 마음에 같고 다름이 있겠는가? 다만 바라본 바가 옳은가 그른가의 차이가 있을 뿐이다.

부처는 그 마음을 깨달은 경지에 대하여 다음처럼 읊었다.

> 네 요소로 된 몸에서 어느 것을 주(主)라 하고
> 여섯 감각 기관과 대상 중 어느 것을 정(精)이라 할까[12]
> 캄캄한 어두운 땅에서 눈을 뜨니
> 종일 소리는 들려도 형체는 보이지 않는구나![13]

> 四大身中誰是主
> 六根塵裏孰爲精
> 黑漫漫地開眸看
> 終日聞聲不見形

반면에 우리 유가에서는 그 마음을 깨달은 경지에 대하여 다음처럼 읊었다.

> 있다고 한들 어찌 자취가 있으며
> 다시 없다고 한들 어찌 없겠는가!

오직 만물의 변화에 감응하여 응대할 때
통달하여 변화의 근본을 본다.[14]

謂有靈有跡
謂無復何存
惟應酬酢際
特達見本根

또 도심(道心)은 형체가 없는데 소리가 있겠는가? 역시 이 이치를 마음에 잘 간직하여 변화에 대응하는 근본으로 삼아야 한다. 배우는 자가 일상생활 속에서 이 마음이 발현하는 곳에 나아가 실제로 체험하고 궁구(窮究)해본다면, 우리와 그들의 같은 점과 다른 점, 장점과 단점을 스스로 알 수 있을 것이다.

주자의 주장으로 거듭 설명해보면, 비록 마음은 한 몸을 주재하지만, 그 본체의 허령함은 충분히 천하의 이치를 주관할 수 있다. 이치가 비록 만물에 산재해 있지만, 그 작용의 미묘함은 실제로 일심(一心)에서 벗어나지 않으니, 애초에 안과 밖, 정미함과 조야함으로 논할 수 없다. 하지만 혹 이 마음의 신령스러움을 알지 못하여 이를 간직하지 못한다면, 혼미하고 뒤섞여 흔들리게 되어 뭇 이치의 신묘함을 궁구하지 못하게 된다. 뭇 이치의 신묘함을 알지 못하여 궁구하지 못하면 편협하고 막히게 되어 이 마음의 온전함을 다 실현하지 못하게 된다. 이는 이론적으로나 실제 상황이 서로 그렇게 되는 것이 필연적이기 때문이다.

그러므로 성인이 가르침을 베풀어서 사람들로 하여금 이 마음의 신령스러움을 스스로 알게 하고, 단아함과 엄숙함, 고요함 가운데에서 이 마음을 보존하여 이치를 궁구하는 근본으로 삼았다. 그리하여 사람들로 하여금 뭇 이치의 신묘함을 알게 하여 배우고, 묻고, 생각하고, 분별하는 사이에서 궁구하여 마음을 온전히 실현하는 공을 이루도록 하였다. [이처럼] 큰 것과 작은 것이 서로 포섭되며, 동정(動靜)을 함께 닦아 애초에 안과 밖, 정미함과 조야함을 구분하지 않았다. 이렇게 참으로 오랫동안 노력하여 환하게 통하여 모든 이치를 꿰뚫어 보는[豁然貫通]¹⁵ 데에 이르면, 또한 혼연히 하나가 되는 것을 알아서 참으로 안과 밖, 정미함과 조야함이 없음을 말할 수 있게 될 것이다.

[그런데] 지금 [불교는] 유학의 이런 공부를 꼭 천박하고 지리(支離)하다고 여겨 형체와 그림자를 숨기고 따로 일종의 깊고 황홀하며 난해하여 잘라내 벗어나기 어려운 이론을 만들어낸다. [그리하여] 배우는 사람들로 하여금 마음을 문자와 언어 밖에서 분주히 찾도록 하여 '도는 반드시 이와 같이 한 후에야 깨달을 수 있다'고 말한다. 이는 근래의 불교가 편벽되며 음란하고 사악하여 세간을 등진 바가 더욱 심해진 것이다. 그런데도 이를 옮겨와서 옛 사람의 명덕(明德)과 신민(新民)의 실제적 학문을 어지럽히니, 이 또한 잘못이다. 주자가 이를 반복적으로 논변하여 친절하게 밝혔으니, 배우는 자는 마음을 다해 스스로 깨달아야 할 것이다.

수작만변(酬酌萬變)과 수순일체(隨順一切)

성리학의 수양론은 매일매일의 일상적 삶 속에서 오늘 하나를 깨우치고 내일 하나를 깨우쳐 그 깨달은 이치[理]를 도덕 행위에서 발현시키는 실천적 노력을 강조한다. 사람은 잠시라도 만사만물과 독립해서 살 수 없으므로, 매사에 만물의 이치를 실천하면서 합당하게 응대하는 자세가 필요한데, 이를 '수작만변(酬酌萬變)'이라고 한다. 본 장에서 삼봉은 이를 다음과 같이 설명했다.

> 이른바 우리가 '온갖 변화에 응대한다'고 하는 것은 어떤 사건이 발생할 때, 내 마음이 각각에 응하여 합당한 법칙으로 제어하고 알맞게 대처하여, 그 마땅함을 잃지 않는다는 뜻이다.

그럼으로 수작만변이란 만사만물에 그저 맹목적으로 추종하는 것이 아니라 이치에 어긋나는 것은 능동적으로 바로잡는다는 뜻이다. 그런데 삼봉은 불교에서 말하는 수순일체(隨順一切)가 수작만변과 비슷한 말이면서도, 수순일체는 만물이 되어가는 대로 그대로 따라가는 것을 의미한다는 점에서 차이가 있다고 주장한다. 즉, 삼봉이 판단할 때, 수순일체는 한 개체의 행위나 어떤 사태의 진행 과정을 그대로 듣고 볼 뿐인 것으로, 특정 사물이나 사건에 주체가 의지를 갖고 능동적으로 개입하지 않는 방관적 입장을 뜻한다. 본문에서 삼봉이 예를 들었듯이, 성리학은 반역자를 효자로, 반란자를 충신으로 만들어서 이치에 맞게 고치려 하는 수작만변의 입장이지만, 불교는 효자건 반역자건 그대로 내버려두고 관여하지 않는 수순일체의 입장이라는 것이다. 그래서 불교의 수순일체는 수동적이며, 수작만변은 능동적 태도라고 삼봉은 평가 내리고 있다.[16]

하지만 이러한 삼봉의 비판은 논의의 여지가 있다. '수순(隨順)'은 진리에 순응하여 깨달음의 경지에 오르는 것을 말한다. 불교에서 일체 법(法)은 진여(眞如)를 떠나서 존재하는 것이 아니다. 그러나 사람들은 애욕이나 망념 때문에 겉으로 드러난 모습[形]만을 생각하여 사물에 집착하기 때문에 일체법과 진여법성을 깨닫지 못한다. 일체법이란 말로 설명할 수 없고, 의념의 상태에서는 도달할 수 없는 것임을 깨닫는 것이 바로 '수순'의 참된 의미이다. 따라서 망념을 제거하고 정진(精進)하기 위한 참선과 수행이 끊임없이 요구된다. 이런 맥락에서 보면, 수순일체의 불교적 수행론은 삼봉이 평가한 것처럼 단순히 소극적인 태도가 아니다.

儒釋同異之辨

先儒謂儒釋之道, 句句同而事事異. 今且因是而推廣之, 此曰虛, 彼亦曰虛, 此曰寂, 彼亦曰寂. 然此之虛, 虛而有, 彼之虛, 虛而無, 此之寂, 寂而感, 彼之寂, 寂而滅. 此曰知行, 彼曰悟修. 此之知, 知萬物之理具於吾心也, 彼之悟, 悟此心本空無一物也. 此之行, 循萬物之理而行之無所違失也, 彼之修, 絕去萬物, 而不為吾心之累也. 此曰心具衆理, 彼曰心生萬法. 所謂具衆理者, 心中原有此理, 方其靜也, 至寂而此理之體具焉. 及其動也, 感通而此理之用行焉, 其曰寂然不動, 感而遂通天下之故是也. 所謂生萬法者, 心中本無此法, 對外境而後法生焉. 方其靜也, 此心無有所住, 及其動也, 隨所遇之境而生, 其曰應無所住而生其心. 按此一段, 出般若經, 言應無所住者, 了無內外, 中虛無物, 而不以善惡是非, 介於胸中也. 而生其心者, 以無住之心, 應之於外, 而不為物累也. 謝氏解論語無適無莫, 引此語, 又曰, 心生則一切法生, 心滅則一切法滅, 按出起信論, 是也. 此以理為固有, 彼以法為緣起, 何其語之同而事之異如是耶. 此則曰酬酢萬變, 彼則曰隨順一切, 其言似乎同矣. 然所謂酬酢萬變者, 其於事物之來, 此心應之, 各因其當然之則, 制而處之, 使之不失其宜也. 如有子於此, 使之必為孝而不為賊. 有臣於此, 使之必為忠而不為亂, 至於物, 牛則使之耕而不為牴觸, 馬則使之載而不為踶齕, 虎狼則使之設檻置阱而不至於齮人. 蓋亦各因其所固有之理而處之也. 若釋氏所謂隨順一切者, 凡為人之子, 孝者自孝, 賊者自賊, 為人之臣, 忠者自忠, 亂者自亂. 牛馬之耕且載者, 自耕且載, 牴觸踶齕, 自牴觸踶齕. 聽其所自為而已, 吾無容心於其間. 佛氏之學如此, 自以為使物而不為物所使. 若付一錢則便沒奈何他此, 其事非異乎. 然則天之所以生此人, 為靈於萬物, 付以財成輔相之職者, 果安在哉. 其說反復, 頭緒雖多, 要之, 此見得心與理為一, 彼見得心與理爲二. 彼見得心空而無理, 此見得心雖空而萬物咸備也. 故曰, 吾儒一, 釋氏二, 吾儒連續, 釋氏間斷. 然心一也, 安有彼此之同異乎. 蓋人之所見, 有正不正之殊耳. 四大身中誰是主, 六根塵裏孰爲精. 按地水火風四大, 和合爲一身, 而別其四大則本無主. 色聲香味觸法六根塵, 相對以生, 而別其六根則本無精, 猶鏡像之有無也. 黑漫漫地開眸看, 終日聞聲不見形. 按以慧照用則雖黑漫漫地開眸看, 暗中有明. 猶鏡光之暗中生明也. 此釋氏之體驗心處. 謂有寧有跡, 謂無復何存. 惟應酬酢際, 特達見本根. 按朱子詩, 此吾儒之體驗心處. 且道心但無形而有聲乎. 抑有此理存於心, 爲酬酢之本根歟. 學者當日用之間, 就此心發見處體究之. 彼此之同異得失, 自可見矣. 請以朱子之說申言之, 心雖主乎一身, 而其體之虛靈, 足以管乎. 天下之理, 理雖散在萬物, 而其用之微妙, 實不外乎人之一心. 初不可以內外精粗而論也. 然或不知此心之靈而無以存之, 則昏昧雜擾, 而無以窮衆理之妙. 不知衆理之妙, 而無以窮之, 則偏狹固滯, 而無以盡此心之全. 此其理勢之相須, 蓋亦有必然者. 是以聖人設敎, 使人默識此心之靈, 而存之於端莊靜一之中. 以爲窮理之本. 使人知有衆理之妙, 而窮之於學問思辨之際, 以致盡心之功. 巨細相涵, 動靜交養, 初未嘗有內外精粗之擇. 及其眞積力久, 而豁然貫通焉, 亦有以知其渾然一致, 而果無內外精粗之可言矣. 今必以是爲淺近支離, 而欲藏形匿影, 別爲一種幽深恍惚艱難阻絶之論. 務使學者, 莽然措其心於文字言語之外, 而曰道必如是然後可以得之. 則是近世佛學詖淫邪遁之尤者, 而欲移之以亂古人明德新民之實學, 其亦誤矣. 朱子之言, 反復論辨, 親切著明. 學者於此, 潛心而自得之可也.

15

불법이 중국에
들어온 시기를 논변함[1]

　한(漢)나라의 명제(明帝)는 서역(西域)에 신(神)이 있어, 그 이름이 '부처'라는 말을 듣고 사신을 천축(天竺)에 파견해서, 그 서적을 가져오고 스님[沙門][2]을 모셔왔다. 그 요지는 대체로 허무(虛無)를 근본 이론으로 삼고, 자비와 살생하지 말 것을 강조하였다. 또, 사람은 죽어도 정신은 멸하지 않아[3] 다시 형체를 받아 태어나는데, 살아 있을 때에 행한 선악에 따라, 보응(報應)이 있다고 했다. 수행하여 부처가 되는 것을 근본 목적으로 삼았고, 원대하고 크게 뛰어나 말을 잘하여 어리석은 속인(俗人)을 유혹하였는데, 그 도(道)에 정통한 사람을 사문(沙門)이라고 불렀다. 이때부터 중국에 불법이 전해지기 시작하여 부처의 형상을 그림으로 그리기 시작했다. 그런데 왕공(王公) 귀인(貴人)으로는 유독 초왕(楚王) 영(英)이 가장 먼저 불교를 좋아하였다.

　진서산[眞西山, 진덕수(眞德秀)][4]은 이에 대해 아래와 같이 말한다.

"신(臣)의 생각으로는, 이때부터 불법(佛法)이 중국에 들어오기 시작했습니다. 이때에 얻어온 것은 불경 42장경(四十二章經)인데, 난대(蘭臺)의 석실(石室)에 봉인되어 있었을 뿐이었고, 얻어온 불상(佛像)은 청양대(清涼臺)와 현절능(顯節陵)에다가 그림으로 그려두었을 뿐이었습니다.

초왕(楚王) 영(英)이 비록 불교를 좋아하였으나, 재계하고 몸을 정결하게 하여 제사를 지내는 데 불과할 뿐이었습니다. 그런데 영은 죄를 지어 베임을 당하였고, 그 어떤 복으로도 보답을 받았다는 말을 듣지 못하였습니다. 그 후 한(漢) 영제(靈帝)가 처음으로 궁중에 불당(佛堂)을 건립했고, 위진(魏晉) 이후로 불법이 점점 흥성하였습니다. 오호(五胡)의 군주로서, 석륵(石勒) 같은 이가 불도징(佛圖澄)[5]에게, 부견(符堅)이 도안(道安)[6]에게, 요흥(姚興)이 구마라습(鳩摩羅什)[7]에게 종종 스승의 예(禮)로써 존경을 표했습니다. 원위(元魏)의 효문제(孝文帝)[8]는 현명한 군주라 불리었지만, 역시 사찰에 가서 재(齋)를 올리고 설법을 들었습니다. 이때부터 소량(蕭梁) 시대에 이르기까지 불교의 융성함이 극에 달하였습니다. 하지만 그 근원은 영평(永平, 후한 명제의 연호) 시기에 시작되었으니, 명제를 책망하지 않고 누구를 책망하겠습니까?"

진덕수와 조선 유학

 삼봉 스스로 주를 달아 언급한 것처럼 본 장부터 18장까지는 진덕수의 『대학연의』의 내용을 인용하고 있다. 진덕수(眞德秀, 1178~1235)는 송나라 건녕부(建寧府) 포성(浦城) 출신으로, 자는 경원(景元) 또는 희원(希元)인데, 후에 경희(景希)로 고쳤다. 호는 서산(西山), 시호는 문충(文忠)이다. 그는 유년 시절부터 대단히 조숙했다고 전해진다. 진덕수의 부친은 유년 시절의 아들을 열의를 갖고 직접 교육했는데, 진덕수가 14세 되던 해에 작고한다. 이웃에 살고 있던 사대부 양규(楊圭)는 아버지를 잃은 이 청년을 자신의 아이와 함께 공부하게 배려하였으며, 나중에는 자신의 딸을 그와 혼인시킨다.

 장인인 양규의 지도하에 공부하여 진덕수는 영종(寧宗) 경원(慶元) 5년(1199)에 약관의 나이로 진사(進士)가 되었고, 개희(開禧) 원년(1205)에 박학굉사과(博學宏詞科)에 합격해 자신의 박학함과 문장의 비범함을 증명했다. 박학굉사과는 송대를 통틀어 극소수의 사대부만이 합격한 시험이므로, 그의 재능이 어떠했는지 미루어 알 수 있다.

 바로 이해에 주희의 학생인 첨체인(詹體仁, 1143~1206)을 만나 그의 영향을 깊게 받았고, 이로 인해 진덕수의 학술 방향이 바뀌었다. 첨체인과의 만남은 짧았지만, 그의 영향으로 진덕수는 주희의 저서를 계속해서 열독했다. 1219년에 이르자 주희 학술에 대한 그의 연구가 이미 세상에 상당히 알려졌다. 주희의 애제자 황간이 동료에게 쓴 서신에서 진덕수를 다음과 같이 언급할 정도였다.

이 두 분⁹은 나날이 발전하고 있고, 또한 우리의 학설과 제도를 지킬 만한 뛰어난 정신을 가지고 있습니다. 주 선생[朱熹]이 안 계신 지금, 이들 덕분에 전통을 이어나갈 수 있으니, 무척 기쁩니다.¹⁰

또, 황간은 진덕수에게 직접 서신을 보내 조정에서 그의 정치적 위치에 대해 경의를 표하였으며, 훗날 그가 주자학파를 대표하는 인물이 될 것이라는 뜻을 표명하기도 하였다.¹¹ 그는 이종(理宗) 재임 시기에, 예부시랑(禮部侍郎)에 발탁되어 직학사원(直學士院)에 올랐으나, 권신(權臣) 사미원(史彌遠)과의 불화로 향리 관직을 전전했고, 잠시 중앙 관직에 머문 적도 있으나 결국에는 파직되었다. 이후 산림에 묻혀 주자학 연구와 전파에 진력하였는데, 그는 경원당금(慶元黨禁) 이후 주자학이 다시 유행하는 데 크게 공헌했다.

이 시기의 일부 학자들은 진덕수가 주자학을 위학(僞學)이라는 오명에서 구했다고 생각했다. 『송사(宋史)』에서는 공자가 자신의 사명을 "사문(斯文)"(『논어(論語)』「자한」)이라고 표현했던 부분을 인용하면서, 진덕수의 공헌을 다음과 같이 칭송한다.

한탁주가 거짓 학문[僞學]이라는 이름으로 올바른 도학(道學)을 금한 이래 모든 근래 대유학자의 서적이 전부 금지되어 그 명맥이 끊어지게 되었다. 진덕수가 늦게나마 나와 홀로 개탄하면서 우리의 이 문화[斯文]를 지키는 것을 자임하여 강론하고 학습하며, 이를 행하였다. 경원금학이 해제된 뒤, 정학(正學)을 세상과 후세에 분명하게 [전한] 일에는 그의 힘이 크다.¹²

『송사』의 이 기록은 주자학의 부흥에 진덕수가 얼마나 크게 공헌하였는지를 보여주기에 손색이 없다. 일반적으로 주자학의 진정한 전수자 중 한 명으로 진덕수를 언급하는 이유가 여기에 있다. 진덕수는 강직한 선비형 인물이었으며, 그의『대학연의』는 주희의『대학장구(大學章句)』에 비견될 정도로 잘 알려진 작품이다.『대학연의』는『대학(大學)』의 핵심인 3강령과 8조목을 세분한 후, 각 경전에서 이와 관련된 부분을 인용해 입증하고, 제학설을 부연해『대학』의 본래 뜻을 설명하는 데 초점을 두었다. 즉, 학문하는 사대부들이『대학』의 핵심 가르침인 수신제가와 치국, 평천하의 요체를 익혀 태평세를 이루는 데 도움을 주고자 서술된 것이다. 이 책은「제왕위학차서(帝王爲學次序)」,「제왕위학본(帝王爲學本)」,「격물치지지요(格物致知之要)」,「성의정심지요(誠意正心之要)」,「수신지요(修身之要)」,「제가지요(齊家之要)」 등으로 구성되어 있다. 매 편마다 옛 현인의 언행을 들어 말하고, 이를 고증하며 논설하였다. 마정난(馬廷鸞)이 황제 앞에서 진강(進講)한 1264년 이후부터『대학연의』는 제왕의 보전(寶典)으로 중요시되었다. 명대에는 구준(邱濬)이 이를 보주(補註)하여,『대학연의보(大學衍義補)』160권을 편찬하기도 하였다.

　『대학연의』서문에서는 주희가『대학』을 논했던 글과 황제를 위해 강연한『대학』해설을 함께 논한다. 진덕수는 책 속에서『대학』을 풀이하고 황제가 마땅히 열독해야 하는 경전을 상세히 나열하였으며, 수양 공부에 어떻게 유념해야 하는가를 언급하고 있다. 수양 공부 방면에서 그는 '경(敬)'으로써 사욕을 극복해야 한다고 하는데, 이는 진덕수의 또 다른 명저『심경(心經)』의 주제이기도 하다. 본문 중에서 중대한 철학적 문제나 치국·평천하의 구체적 정책에 대해 언급하고 있지는 않지만, 진덕수는 군주가 만약 능히 수신하고 제가한다면 다른 제도적 문제들을 쉽게 해결할 수 있을 것이라 강조한다. 그가 중점을 둔 것은 언제나 대부분의 유학자가 중요하게 생각했던 군주의 마음 수양이었다.[13]

『대학연의』는 조선에서도 중요하게 다루어져 태조 2년 1월 1일에 『대학연의』가 태조에게 바쳐지는 상징적인 일이 있었다. 『조선왕조실록』을 보면, 이 시기에 조준은 방원에게도 이 책을 바쳐 일독을 권했다고 한다. 그러다 보니 많은 해설서가 출간되었다. 1472년(성종 3) 이석형(李石亨) 등이 지은 『대학연의집략(大學衍義輯略)』은 21권 7책으로 구성되어 있는데 여기서는 『대학연의』가 제왕이 나라를 다스리는 근본을 가르치고 있다는 것을 고려사의 실례를 들어서 입증하고자 하였다. 또, 격물치지에 있어서도 결국 인재를 알아보는 것이 통치의 근본이라 하면서, 간신들이 나라를 훔치는[竊國] 사례를 들어 치국의 요체를 설명하였다.

중종 이후 조선의 강경과(講經科)에서는 『대학연의』가 출제와 채점의 기준이 되었는데, 시험을 준비하는 선비들에게 필수 교재가 되었으며, 이로 인해 『대학』의 중요성이 한층 강조되었다. 정조(正祖)가 펴낸 『대학유의(大學類義)』도 『대학연의』를 바탕으로 하여 이루어진 것으로, 특히 치국의 도리를 광범위하게 설명한 것이다. 이후 1865년(고종 2)에 권상신(權常愼)이 편찬하고 홍직필(洪直弼)이 교감한 『국조대학연의(國朝大學衍義)』도 『대학연의』를 근거로 하여 우리나라의 역사적인 사실을 첨가하고, 잡다한 문장과 중국의 예들을 생략한 것이다.

사실 진덕수의 작품과 조선 유학은 깊은 인연을 맺고 있다. 『대학연의』보다도 조선 지식인들에게 사상적으로 깊은 영향을 미쳤다고 할 수 있는 그의 다른 저작은 『심경』이다. 그는 1234년에 『심경』을 황제에게 헌정했는데, 이후 퇴계를 위시한 조선 유학자들은 그의 『심경』을 수양 공부의 중요한 교재로 삼았다. 『심경』은 먼저 순 임금의 유명한 '도심(道心)'설과 '윤집궐중(允執厥中)'의 전심결에 대해 논하고, 뒤이어 방대한 자료를 인용하여 유학이 일관되게 '경(敬)을 위주'로 하고, 도덕적 책임을 중시한다는 입장을 밝혔다. 이 책에서 그는 맹자를 자신의 주장에 대한 주요 근거로 삼았고, 또 주돈이·이정·주희를 인용하여 자신의 견해를 뒷받침하는 근거로 내세웠다. 원나라의 오징(吳澄)이나 허형(許衡)의 어록까지 포함한 이 책은 중국보다 조선에서 더 유행했다. 조선 유학자들은 이에 대해 백여 종에 달하는 주석서와 해설서를 남겼을 정도이지만, 중국에서는 근세까지도 『심경』에 대한 단행본이 집필되지 않았을 정도로, 양쪽의 상황이 대조된다.

조선 유학을 대표하는 퇴계는 『심경』을 극히 존중했다. 그는 아침에 일어나면 『심경』을 읊는 것으로 하루를 시작했다고 한다. 『심경』의 핵심 개념은 경(敬)이다. 그러므로 이 책은 경의 공부(工夫)론에 관한 것이라 할 수 있다. 유학자들의 경에 대한 각종 어록을 『심경』만큼 많이 모아 정리한 책도 드물다. 퇴계가 평생 화두로 삼았던 '거경(居敬)'의 정신은 사실 퇴계뿐만 아니라 모든 유학적 공부론의 핵심이라 할 수 있다. 퇴계에 의해 재해석된 『심경』은 선비들의 수양 교과서가 되었을 뿐 아니라 군주의 성학(聖學) 교재로 여겨져 경연에서 강론되기도 했다. 명대에 이르러 정민정(程敏政)은 송원대 성리학자들의 해석과 부연을 덧붙여 『심경부주(心經附註)』를 편찬했는데, 이 책 또한 조선 선비들이 애독했다. 이처럼 『대학연의』나 『심경』을 통해 진덕수의 학설은 조선의 지식인들에게 적지 않은 영향을 미쳤다.

佛氏入中國

按此以下至事佛甚謹年代尤促, 引用眞氏大學衍義說.

漢明帝聞西域有神, 其名曰佛. 遣使之天竺, 得其書及沙門以來, 其書大抵以虛無爲宗, 貴慈悲不殺. 以爲人死精神不滅, 隨復受形, 生時所作善惡, 皆有報應. 故所貴修鍊, 以至爲佛, 善爲宏闊勝大之言, 以勸誘愚俗. 精於其道者, 號曰沙門. 於是中國始傳其術, 圖其形像, 而王公貴人, 獨楚王英最先好之.

眞西山曰, 臣按此佛法入中國之始也. 是時所得者, 佛經四十二章, 緘之蘭臺石室而已. 所得之像, 繪之清涼臺顯節陵而已. 楚王英雖好之, 然不過潔齋修祀而已. 英尋以罪誅, 不聞福利之報. 其後靈帝始立祠於宮中. 魏晉以後, 其法寖盛, 而五胡之君, 若石勒之於佛圖澄, 符堅之於道安, 姚興之於鳩摩羅什, 往往尊以師禮. 元魏孝文, 號爲賢主, 亦幸其寺, 修齋聽講. 自是至于蕭梁, 其盛極矣. 而其源則自永平始, 非明帝之責而誰哉.

16

부처를 섬기면 재난이 닥침

양 무제는 중대통(中大通, 양 무제의 연호) 원년(529) 9월에 동태사(同泰寺)에 행차하여 사부(四部) 대중과 함께 무차대회(無遮大會)¹를 열었다. 무제는 어복(御服)을 벗고 법의(法衣)를 걸친 채 맑은 마음으로 자신의 몸을 부처에게 바치는 의식을 행하였다[淸淨大捨]. 군신들이 금전 일억만을 가지고 삼보(三寶, 불법승) 앞에서 기도하고 잘못을 속죄하는데, 중들은 그대로 절을 받으면서 아무 말이 없었고, 행사 후 무제는 환궁했다. 무제가 천감(天監, 양 무제의 첫 연호) 연간부터 부처의 법을 받아들여 오랫동안 재계(齋戒)하며 육식을 끊고 하루에 한 끼 식사만 했는데, 그나마 나물국에 거친 밥뿐이었다. 그는 불탑을 많이 조성해 공(公)적으로나, 사(私)적으로 재정을 많이 소비하였다.

이 시기 왕후자제(王侯子弟)들이 교만하고 음란하여 법을 지키지 않는 이들이 많았다. 하지만 무제는 노쇠해 만사에 염증을 느끼고 오직 불교의 계율을 지키는 데만 정신이 빠져서 매번 중대 범죄를 단죄할 때 하루 종일 기꺼워하지 않았다. 혹, 모반과 반역을 꾀한 일이 발각되어도, 이 또한 읍하며 용서해주었다. 이로 말미암아 귀족들은 더욱 포악해져 한낮에 도시의 저잣거리에서 사람을 죽이기도 하고, 혹은 어두운 밤에 공공연히 노략질을 자행하기도 하였다. 죄를 짓고 달아나 공경대부의 집에 숨어 있으면, 형리(刑吏)가 감히 수색하여 체포하지 못했다. 무제는 그 폐단을 잘 알고 있으면서도 불교의 자애(慈愛) 정신을 어길까 봐 이를 막지 못하였다.

중대동(中大同, 양 무제의 연호) 원년(546) 3월에 무제가 동태사(同泰寺)에 행차하여 사찰에 머물면서 삼혜경(三慧經)을 강독하기 시작하여 4월 병술(丙戌)이 되어서야 끝났다. 이날 밤에 동태사(同泰寺)의 탑에 화재가 발생하자 무제가 "이는 마귀 때문이니, 응당 불사(佛事)를 크게 하리라." 하며, 조서(詔書)를 내려 다음처럼 일렀다. "도(道)가 높아질수록 마귀가 더 날뛰고, 선(善)을 행함에 장애가 발생하나니, 마땅히 공사를 끝까지 마쳐서 이전의 배로 크게 지으리라." 이에 12층짜리 탑을 기공하여 다 완성되어갈 때, 후경(侯景)의 난(亂)²으로 중지되었다. 대성(臺城, 양나라의 수도)이 함락되자 무제를 동태사에 가두었는데, 그가 목이 말라 동태사의 중에게 꿀물을 청했으나 얻어 마시지 못하고 결국 아사했다.

진서산(眞西山)은 말한다.

"위진(魏晉) 이후에 군주로서 부처 섬기기를 양 무제만큼 심하게 한 이는 없었습니다. 만승(萬乘)의 국가를 다스리는 존귀함으로 스스로 그 몸을 낮추어 부처의 하인 노릇을 했으니, 비열과 아첨의 극단이라 하겠습니다. 종묘에 제사 지내는 희생 동물을 야채와 국수로 바꾸었으니, 명부(冥府)의 도리에 어긋납니다.³ 직관(織官)이 비단에 무늬를 놓는데, 사람이나 금수(禽獸)의 형상을 새기는 것 역시 금하였습니다. 가위로 재단할 때에 사람이나 동물의 모습이 잘려서 인(仁)과 서(恕)의 도리에 어긋날까 염려했기 때문입니다. 신하가 비록 반역을 꾀하여도 용서하여 베지 못하였으며, 노략질을 자행하고 방자하기가 이를 데 없어도 처벌하지 못했으니, 이 모두가 부처의 계율을 지켜 실천하고자 한 것입니다."

내가 대략 논(論)하건대, 신선(神仙) 되는 것이 가능한 일이었다면 한나라 무제가 되었을 것이고, 부처 되는 것이 가능한 일이었다면 양나라 무제가 되었을 것이다. 이 두 군주가 되지 못하였으니, 되고자 해서 신선과 부처가 될 수 없음이 명백하다. 설사 구하여 얻는다 하더라도 오랑캐의 조야하고 허황된 가르침으로 중국을 다스릴 수는 없으며, 산림(山林)에 은둔해 사는 방식으로는 나라를 다스릴 수 없다. 하물며 구할 수 없는 것으로야 어떻게 나라를 다스리겠는가! 한 무제는 신선을 탐하다가 종국에 국고(國庫)를 탕진하는 재난을 당하였고, 양 무제는 부처에게 아첨하다가 마침내 왕조가 망하는 재앙을 초래하였다. 즉, 탐하고 아첨하여도 도움이 되지 않는다는 것이 또한 분명하다.

또 그 몸을 버려가면서 부처를 섬기는 것은 어찌 속세(俗世)의 번잡함이 싫어 공적(空寂)을 즐기려 하는 것이 아니겠는가? 가유(迦維)⁴의 적자처럼 왕위를 헌신짝같이 버리고, 옷자락을 들어 올리며 미련 없이 세간을 떠날 수 있으면, 진실로 부처를 배우는 사람에 가깝다 하겠다. 하지만 양 무제는 이미 찬탈(簒奪)과 시역(弑逆)으로 남의 나라를 빼앗았고, 또 다른 나라를 공격해 정벌했다. 노년에 이르러 그의 태자(太子) 소통(蕭統) 같은 자효(慈孝)한 아들을 한번 의심하자 못마땅하게 여겨, 죽음에 이르게 할 정도로 탐심이 심하였다. 어떻게 참으로 세속의 몸을 버릴 수 있는 자라 하겠는가? 옷을 바꿔 입고 불도(佛道)에 들어가는 것으로 이미 부처의 복을 구할 수 있다. 하지만 그는 돈을 바쳐 속죄하고 돌아와서는 천자(天子)의 귀함을 버리지 않고 유지했으니, 이는 부처에게 아첨한다기보다 사실 부처를 기만하는 짓이다.

또 그 비단 무늬의 사람과 동물의 형상은 실물이 아닌데도 손상될까 염려하면서, 저 어리석은 백성의 목숨을 어찌 조수(鳥獸)에 비교할 수 있단 말인가? 매년 정벌로 살해한 사람의 수가 셀 수 없이 많고, 산을 만들고 보(堡)를 쌓아 적의 영내로 물이 쏠리게 해 수만 명의 백성을 물고기 밥으로 만들면서도 이들을 조금도 긍휼히 여기지 않았다. 이는 비록 작은 인(仁)의 이름은 걸쳤으나 실제로는 크게 불인(不仁)한 것이다.

게다가 국가의 존립은 오직 강상(綱常)의 도리에 달려 있는데, 무제는 여러 자식들에게 변방의 수비를 맡기면서 예의(禮儀)로 인도하여 가르치지 않았다. 정덕(正德)은 아비를 해치는 악인의 기질이 있어[梟獍] 처음에는 아버지를 등지고 적국으로 도망쳤다가 종국에는 적군을 이끌고 와서 종묘사직을 전복시켰다. 여섯째 아들 윤(綸)과 일곱째 아들 역(繹)[5]은 군대를 총괄하고 있었거나, 상유(上游)에 주둔하고 있었지만, 군주이면서 부친인 무제가 재난을 당하고 있을 때 '피를 뿌리고 소매를 풀어

헤치며 분연히 싸울 의지가 있었다.'라는 말을 들어보지도 못한 자들처럼 행동하였다. 또한 형제끼리 서로 원수가 되고, 숙질끼리 군대를 일으켜 싸우니, 인륜의 폐악이 극단에 이르렀다. 이것은 다름 아니라 무제가 숭상한 바가 석씨의 교리였기 때문이다.

천륜(天倫)을 가합(假合)이라고 하니, 신하는 자신의 군주를 군주로 여기지 않고, 아들은 자신의 부친을 부친으로 여기지 않아, 그의 재위 30~40여 년 동안에 풍속은 모두 망가지고 강상(綱常)의 도리는 땅에 떨어졌으니, 이와 같은 극단에 이르는 것은 당연하다.

무제로 하여금 요(堯)·순(舜)·삼왕을 스승으로 삼아 이단의 교리를 멀리하고, 통치함에 있어 필히 인의(仁義)를 근본으로 삼아 반드시 예법을 숭상하고, 반드시 형정(刑政)을 밝히게 했다면, 어떻게 이런 일이 있었겠는가!

전대사실(前代事實) 4편

앞 장의 해설 서두에서 밝힌 것처럼 본 장을 포함하여 15장부터 18장까지 총 4장은 전대사실이라 하여 삼봉이 자신의 의견을 개진하기보다는 주로 『대학연의』 13권의 역사적 기록을 소개해 불교 배척에 대한 자신의 신념을 피력하고 있다. 이미 앞 장에서 진덕수와 『대학연의』 등에 대해 상세히 설명하였고, 본 장과 18장까지 특별히 해설을 요하는 부분이 없으므로 해설을 생략한다.

事佛得禍

梁武帝中大通元年九月, 幸同泰寺, 設四部無遮大會, 釋御服持法衣, 行清淨大捨. 群臣以錢一億萬, 祈白三寶, 奉贖皇帝, 僧衆默然, 上還內. 上自天監中用釋氏法, 長齋斷肉, 日止一食, 惟荼羹糲飯而已. 多造塔, 公私費損. 時王侯子弟, 多驕淫不法, 上年老厭於萬機, 又專精佛戒. 每斷重罪, 則終日不懌. 或謀叛逆事覺, 亦泣而宥之. 由是王侯益橫, 或白晝殺人於都街, 或暮夜公行剽掠. 有罪亡命, 匿於主家, 有司不敢搜捕. 上深知其弊, 而溺於慈愛, 不能禁也. 中大同元年三月庚戌, 上幸同泰寺, 遂停寺省, 講三慧經, 夏四月丙戌解講. 是夜同泰寺浮屠災, 上曰, 此魔也, 宜廣爲法事. 乃下詔曰, 道高魔盛, 行善障生, 當窮玆土木, 倍增往日. 遂起十二層浮屠將成, 值侯景亂而止. 及陷臺城, 囚上於同泰寺, 上口燥乾, 求蜜於寺僧不得, 竟以餓死.

眞西山曰, 魏晉以後, 人主之事佛, 未有如梁武之盛者也. 夫以萬乘之尊, 而自捨其身, 爲佛之廝役, 其可謂卑佞之極矣. 以蔬茹麵食, 易宗廟之牲牢, 恐其有累冥道也. 織官文錦, 有爲人類禽獸之形者亦禁之. 恐其裁翦, 有乖仁恕, 臣下雖謀叛逆, 敕而不誅, 剽盜肆行, 亦不忍禁. 凡以推廣佛戒也. 蓋嘗論之, 使仙而可求則漢武得之矣. 使佛而可求則梁武得之矣. 以二君而無得焉, 則知其不可求而得也明矣. 縱求而得之, 戎夷荒幻之教, 不可以治華夏, 山林枯槁之行, 不可以治國家. 況不可求也. 漢武貪仙而終致虛耗之禍, 梁武佞佛而卒召危亡之厄, 則貪佞之無補又明矣.

且其捨身事佛, 豈非厭塵囂而樂空寂乎. 使其能若迦維之嫡嗣視王位如弊屣, 褰裳而去之, 庶乎爲眞學佛者. 而帝也旣以篡弑取人之國, 又以攻伐侵人之境. 及其老也, 雖慈孝如太子統, 一涉疑似忌之而至死, 貪戀如此, 又豈眞能捨者乎. 釋服入道, 旣可徼浮屠之福, 奉金贖還, 又不失天子之貴, 是名雖佞佛, 而實以誑佛也. 且其織文之非實, 猶不忍戕之. 彼蚩蚩之氓, 性命豈能鳥獸比, 而連年征伐, 所殺不可勝計, 浮山築堰, 浸灌敵境, 擧數萬衆而魚鼈之, 曾不小恤, 是名雖小仁, 而實則大不仁也. 且國所與立, 惟綱與常, 帝於諸子, 皆任以藩維, 而無禮義之訓. 故正德以梟獍之資, 始捨父而奔敵國, 終引賊以覆宗枋. 若綸若繹, 或摠雄師, 或鎭上游, 當君父在亂, 不聞有灑血投袂之意. 方且弟兄相仇, 叔姪交兵, 極人倫之惡, 此無佗, 帝之所學者釋氏也. 以天倫爲假合, 故臣不君其君, 子不父其父. 三四十年之間, 風俗淪胥, 綱常掃地, 宜其致此極也. 使其以堯舜三王爲師, 不雜以方外之敎, 必本仁義, 必尙禮法, 必明政刑, 顧安有是哉.

17

천도를 버리고 불교의 인과설을
따르는 일을 논변함

　당나라의 대종(代宗)이 처음에는 부처를 중시하지 않았는데, 재상인 원재(元載)와 왕진(王縉)은 모두 부처를 좋아했고, 그중에서 왕진이 특히 심하였다. 대종이 "부처가 보응(報應)을 말했다는데 과연 그러한가?"라고 묻자 원재 등이 대답했다.
　"한 나라의 운과 복이 영험하고 장구하게 되기 위해서는 일찍부터 복업(福業)을 쌓지 않으면 어찌 그리되겠습니까? 복업이 이미 정해져 있으면 비록 가끔 작은 재난이 닥쳐도 결국 나라에 해가 되지는 않습니다. 그러므로 안녹산(安祿山)[1]과 사사명(史思明)은 모두 자식에게 화를 당했고, 회은(懷恩)[2]은 군문(軍門)을 나와 병사하였고, 회흘(回紇)과 토번(吐蕃), 두 오랑캐는 싸우지 않아도 저절로 물러갔습니다. 이는 다 사람의 힘으로 할 수 있는 일이 아니니, 어찌 보응이 없다고 말하겠습니까?"
　대종 임금이 이로 인하여 부처를 깊이 믿어 항상 궁중에 중 백여 명을 머물게 하였다. 외적이 침략하면 중으로 하여금 「인왕경(仁王經)」[3]을 강독하여 물리치게 하고, 외적이 물러가면 후한 상을 내리니, 좋은 전답(田畓)과 많은 재물이 승(僧)과 사찰에 귀속되었다. 이렇게 원재 등이 군주를 모시고 불사(佛事)를 많이 논하니 정사와 형벌이 하루하루 문란해졌다.

진서산은 다음과 같이 말한다.

"대종(代宗)이 보응에 대해 질문했을 때, 유학자가 재상의 자리에 있었다면 반드시 '선하면 복을 받고 악하면 화를 받으며', '천도(天道)는 가득 찬 것을 덜어 겸손한 자를 도와준다.'는 이치를 되풀이해 아뢰었을 것이다. 그래서 군주로 하여금 천도를 두려워해야 하고, 속일 수 없음을 깨달아 덕을 닦는 데 스스로 힘쓰게 하였을 것이다. 하지만 원재 등은 단 한마디도 이런 도리를 언급하지 않고, 복업을 쌓는 것을 말하여, 국가의 운과 복이 영험하고 장구한 것은 모두 부처의 힘에 달렸다고 하였으니, 지나치게 천도를 왜곡한 짓이 아니겠는가?

당나라가 장구한 시간 동안 유지될 수 있었던 것은 태종(太宗)이 세상을 구제하고 백성을 편안하게 한 공 때문임을 숨길 수는 없다. 그런데 환란이 많았던 이유는 천하를 얻을 때 인의(仁義)와 강상(綱常)의 도리에 순수(純粹)하지 못했고, 예법(禮法)으로 보아서 부끄러워할 만한 일이 있었기 때문이다.[4] 그리고 그다음 세대의 군주들 중에는 자신의 사욕을 이겨내고 선행을 행한 자는 적은 반면, 감정이 이끄는 대로 행동하여 이치에 어긋난 자가 많았기 때문이다. '하늘에는 빛나는 도가 있으니, 일의 종류에 따라 나타난다.'는 『서경(書經)』의 구절이 이를 말해 준다. 원재 등이 천도를 버리고 부처의 인과설을 말하며, 재앙과 복을 내리는 일이 하늘에 달려 있지 않고 부처에 있으며, 치도(治道)가 덕(德)을 닦는 데 있지 않고 부처를 섬기는 데 있다고 한 것은 대종의 학문이 짧아 원재 등이 그를 미혹시킬 수 있었기 때문이다.

또, 저 안녹산과 사사명의 난은 양귀비가 나라 안에서 좀먹고, 양국충(楊國忠)과 이임보(李林甫)가 밖에서 해를 입혀서 일어난 것이다. 그 난을 능히 평정할 수 있었던 것은 곽자의(郭子儀)·이광필(李光弼) 등 여러 신하가 황실에 충성을 다하여 격퇴하였기 때문이다. 그들이 다 자식에게 화를 당하였다고 하는 것은 안녹산과 사사명이 신하이면서 군주에게 반역하였기에 그들의 아들인 안경서(安慶緒)와 사조의(史朝義)가 부친을 시해(弑害)한 일을 말한다. 이러한 사례가 천도가 일의 종류에 따라서 응답한다는 의미이다. 또 회흘과 토번이 싸우지 않고 스스로 물러간 것은 곽자의(郭子儀)가 몸소 오랑캐 앞에 나아가 책략을 써 반간(反間)한 덕택이니, 그 일의 근본과 말단을 미루어보면 모두가 사람의 힘에 의한 것이다. 그런데 원재 등은 '이는 사람의 힘으로 할 수 있는 일이 아니다.'라고 하였으니, 군주를 기만하고 사실을 왜곡함이 너무 심하지 아니한가?"

舍天道而談佛果

唐代宗始未甚重佛, 宰相元載, 王縉皆好佛, 縉尤甚. 上嘗問佛言報應, 果有之耶. 載等對曰, 國家運祚靈長, 非宿植福業, 何以致之. 福業已定, 雖時有小災, 終不能爲害. 所以安, 史皆有子禍, 懷恩出門病死, 二虜不戰而退, 此皆非人力所及, 豈得言無報應也. 上由是深信之. 常於禁中飯僧百餘人. 有寇至則令僧講仁王經以禳之, 寇去厚加賞賜. 良田美利, 多歸僧寺. 載等侍上, 多談佛事, 政刑日紊矣.

眞西山曰, 代宗以報應爲問, 使是時有儒者在相位, 必以福善禍淫, 虧盈益謙之理, 反復啓告. 使人主凜然知天道之不可誣, 而自彊於修德. 載等曾微一語及此, 乃以宿植福業爲言, 而謂國祚靈長, 皆佛之力, 毋乃厚誣天道乎. 夫唐之所以歷年者, 以太宗濟世安民之功, 不可掩也. 而所以多難者, 以其得天下也, 不純乎仁義綱常, 禮法所在. 有慙德焉, 繼世之君, 克己礪善者少, 恣情悖理者多也. 天有顯道, 厥類惟彰, 此之謂矣. 載等捨天道而談佛果, 是謂災祥之降, 不在天而在佛也, 爲治之道, 不在修德而在於奉佛也, 代宗惟其不學, 故載等得以惑之. 且夫安, 史之亂, 以其太眞蠱於內, 楊, 李賊於外, 醞釀而成之也. 而所以能平之者, 由子儀, 光弼諸人盡忠帝室, 驅而攘之也. 其所以皆有子禍者, 祿山, 史明以臣叛君, 故慶緒, 朝義, 以子弑父, 此天道之所以類應者也. 回紇吐蕃, 不戰而自退, 則又子儀挺身見虜, 設謀反間之力. 推跡本末, 皆由人事. 載等乃曰此非人力所及, 其欺且誣, 顧不甚哉.

18

부처를 믿을수록
왕조의 수명이 단축됨

　원화(元和)¹ 14년에 불골(佛骨)을 수도에 모셔왔다. 불골을 가져오기 전에 공덕사(功德使)가 당 헌종(憲宗)에게 아뢰었다.

　"봉상사(鳳翔寺) 탑에 부처의 지골(指骨)이 있어 전하여오는데, 30년 만에 한 번씩 탑문(塔門)을 개봉하는 그해에는 풍년이 들어 백성들이 편안하게 지냅니다. 내년에 응당 탑문을 열 것이니 청컨대 맞이하여 오소서."

　이에 헌종 임금이 그 말을 따랐다. 불골(佛骨)이 수도에 도착해, 궁 안에 사흘 동안 모셨다가 여러 사찰을 거치며 전시되었다. 그러자 귀족들과 사대부, 백성들이 우러러 받들어 자신의 시주가 다른 이에 미치지 못할까 봐 두려워할 정도였다. 이에 형부시랑(刑部侍郞) 한유(韓愈)가 표(表)를 올려 간하였다.

　"불교는 오랑캐의 한 교리일 뿐입니다. 황제(黃帝)로부터 우(禹)·탕

(湯)·문무(文武)에 이르기까지 모두 그 수(壽)를 향유(享有)하였고, 백성들은 편안했는데, 그때는 불교가 중국에 있지도 않았습니다. 한나라 명제(明帝) 시기에 처음으로 불교가 들어왔는데, 그 후부터 왕조가 혼란하고 망함이 계속되어 왕조의 운과 복됨이 장구하지 못하였습니다. 송(宋)·제(齊)·양(梁)·진(陳)·원(元)·위(魏) 이후에는 불교 신앙이 세간에서 점점 건실해졌는데, 오히려 왕조의 역사는 더욱 단축되었습니다. 오직 양 무제만이 48년간 보위에 있으면서 전후 세 차례나 몸을 부처에게 희사(喜捨)하려 하였으나, 마침내는 후경(侯景)의 핍박으로 대성(臺城)에서 굶어 죽었습니다. 부처를 섬겨 복을 구하다가 도리어 화를 당했으니, 이로써 보면 부처는 믿기에 부족하다는 것을 알 수 있습니다. 부처는 원래 오랑캐로서, 중국어로는 대화가 통하지도 않고, 그 의복 제도도 다르며 군신(君臣)·부자(父子) 간의 정서에 대해서도 알지 못합니다. 설령 그가 아직 살아 있어 수도에 와 폐하께서 만나신다 하더라도 선정전(宣政殿)에서 일견해 손님의 예로 한 번 대접해서 옷이나 한 벌 하사하고, 호위해 내보내야 하며, 사람들을 미혹(迷惑)하게 해서는 안 됩니다. 하물며 그가 졸(卒)한 지 이미 오래되었으니, 말라빠진 유골을 궁중에 들어오지 못하게 하는 것이 합당하지 않겠습니까? 바라건대 유사(有司)에게 분부하셔서 이를 물이나 불에 던져버려 화(禍)의 근본을 영원히 없애버리소서."

이에 헌종이 크게 노하여 극형을 가하려고 하였다. 재상(宰相)인 배도(裵度)와 최군(崔群) 등이 "한유가 비록 제정신이 아니긴 하지만 충성과 성심에서 간한 것이니 관용을 베풀어 언로(言路)를 열어주시옵소서."라고 아뢰었다. 이에 헌종은 한유를 조주자사(潮州刺史)로 좌천시켰다.

이에 대해 진서산은 말한다.
"생각하건대, 후세의 군주들이 불교를 믿은 것은 대저 복전(福田)²의 이익을 구한 것이니 이익을 탐하는 마음으로 그리 행한 것입니다. 그러므로 한유가 '옛날 제왕(帝王) 때에는 부처가 있지 않아도 수(壽)를 향유하였는데, 후세의 임금들은 부처를 믿어도 명을 재촉한다.'고 간한 것은 깊은 충심의 간절함을 분명히 드러낸 것이라 할 수 있습니다. 그런데도 헌종은 이를 깨닫지 못해, 이때에 금단(金丹)³을 복용하고 또한 불골(佛骨)을 맞이하였습니다. 신선을 구하고 부처에게 아첨하는 두 가지를 다 하였으나, 1년이 못 되어 그 효과가 끝났으니, 복전의 보응이 과연 어디에 있습니까? 그러므로 신(臣)은 이를 함께 기록하여 만인의 군주로서 신선술(神仙術)이나 불교에 빠지는 일을 경계하고자 합니다."

事佛甚謹年代尤促

元和十四年, 迎佛骨于京師. 先是功德使上言. 鳳翔寺塔有佛指骨, 相傳三十年一開, 開則歲豐人安, 來年應開, 請迎之. 上從其言, 至是佛骨至京師, 留禁中三日, 歷送諸寺. 王公士民, 瞻奉捨施, 如恐不及. 刑部侍郎韓愈上表諫曰, 佛者夷狄之一法耳. 自黃帝至禹湯文武, 皆享壽考, 百姓安樂. 當是時, 未有佛也. 漢明帝時始有佛法, 其後亂亡相繼, 運祚不長. 宋齊梁陳元魏以下, 事佛漸謹, 年代尤促. 唯梁武在位四十八年, 前後三捨身, 竟爲侯景所逼, 餓死臺城. 事佛求福, 乃反得禍. 由此觀之, 佛不足信可知矣. 佛本夷狄之人與中國言語不通, 衣服殊製, 不知君臣父子之情. 假如其身尙在, 來朝京師, 陛下容而接之, 不過宣政一見, 禮賓一設, 賜衣一襲, 衛而出之, 不令惑衆也. 況其身死已久, 枯槁之骨, 豈宜以入宮禁. 乞付有司, 投諸水火, 永絶禍本. 上大怒, 將加極刑. 宰相裴度, 崔群等言, 愈雖狂, 發於忠懇, 宜寬容以開言路, 乃貶潮州刺史.

眞西山曰, 按後世人主之事佛者, 大抵徼福田利益之事, 所謂以利心而爲之者也. 故韓愈之諫, 歷陳古先帝王之時未有佛而壽考, 後之人主事佛而夭促, 可謂深切著明者矣. 而憲宗弗之悟也, 方是時, 旣餌金丹, 又迎佛骨, 求仙媚佛. 二者交擧, 曾未朞年, 而其效乃爾, 福報果安在耶. 臣故幷著之, 以爲人主溺意仙佛者之戒.

19

이단을 배척함

요순(堯舜)이 사흉(四凶), 즉 공공(共工)·환도(驩兜)·삼묘(三苗)·곤(鯀)을 주살(誅殺)한 것은 그들이 "말을 교묘하게 하고 얼굴빛은 좋게 꾸미면서"[1] 명령을 거스르고 종족을 해쳤기 때문이었다.[2] 우(禹)도 또한 "말을 교묘하게 하며 얼굴빛을 좋게 꾸미는 자를 어찌 두려워하겠는가?"[3]라고 하였으니, 대개 말을 교묘하게 하고 얼굴빛을 좋게 꾸미는 것은 사람의 본심을 잃게 하며, 명령을 어기고 종족을 해치는 것은 사람의 일을 망치는 짓이다. 그러므로 성인이 이들을 제거하여 용납하지 않았다.

탕(湯)과 무왕(武王)이 걸(桀)·주(紂)[4]를 정벌할 때 탕은 말하기를, "나는 상제(上帝)가 두려워 감히 정벌하지 않을 수 없다."[5]라고 하고, 무왕(武王)은 "내가 하늘에 순종하지 않으면 그 죄가 주(紂)와 동일하다."[6]고 하였으니, 천(天)의 명령에 따라 천을 대신한 토벌은 사람이 거부할 수 없는 일이라는 뜻이다. 공자도 말씀하기를, "이단을 깊이 파고들면 해로울 뿐이다."[7]라 했으니, '해롭다'는 한 글자가 읽는 이로 하여금 살이 에이는 듯한 오싹함을 느끼게 한다.

　맹자가 자신의 달변으로 양주(楊朱)와 묵적(墨翟)을 막은 이유는 양묵의 도(道)를 막지 않으면 성인(聖人)의 도가 행해지지 않기 때문이었다. 그러므로 맹자는 양묵의 주장을 물리치는 것을 자신의 소임이라 여겼다. 그는 '양묵을 내쳐야 한다고 말할 수 있는 사람은 성인의 문도이다.'라고 하며 사람들의 도움을 크게 기대했다. 묵씨(墨氏)는 '모든 이를 사랑하라'고 하니, 인(仁)인가 하고 의심받았고, 양씨(楊氏)는 '자신의 생명이 제일 중하다'[8]고 하니, 의(義)를 의심받았다. 그들의 해악이 부친도 부정하고 군주도 부정하는 데까지 이르게 되니, 맹자가 이를 물리치고자 애썼다.

　그런데 불씨(佛氏) 같은 이는 그 말이 고상하고 교묘하여 성명(性命)의 논리와 도덕(道德) 윤리를 함께 말함으로써 사람들을 미혹(迷惑)시킴이 양묵과 비교할 수 없을 정도다. 주자(朱子)가 "불씨(佛氏)의 말이 이치[理]에 가까워 진리를 크게 어지럽힌다."고 한 것은, 이를 두고 말한 것이다.

　내가 어둡고 용렬해 나의 힘이 부족함을 알지 못하고, 이단을 물리치는 것을 일신의 소임으로 삼은 것은 감히 앞의 여섯 성인과 한 현인[9]의 마음을 계승하고자 함이 아니라, 세상 사람들이 이단의 설에 미혹되어 거기에 모두 빠져서 사람 됨의 도리가 없어지게 되는 일을 두려워해서이다. 아! 참으로 난신적자(亂臣賊子)는 반드시 죄인을 처단하는 형리를 기다릴 필요가 없이 모든 사람이 주살할 수 있다. 사악한 말이 넘쳐나 인간의 본심을 파괴하면 반드시 성현을 기다릴 필요가 없이 누구나 나서서 물리칠 수 있다. 내가 제현(諸賢)들에게 바라는 바가 이 점이며, 나 스스로 힘쓰는 일이 여기에 있다.

이단과 도통

이단은 정통이 아닌 사설(邪說)을 의미하는데, 이 용어는 『논어』에 이미 등장한다. 『논어』에서의 이단은 요즘처럼 꼭 사설을 가리키는 것이라기보다는 주류가 아닌 비주류의 이론 정도로 이해하는 것이 낫다. 사설이 되려면 기독교처럼 정통으로 인정받는 교리가 있어야 하는데, 공자 시대의 유학은 맹자의 고백에서 보듯이 아직 세상의 중심 학설이 되지 못한 상태였기 때문이다. 그러니 다른 학파를 이단이라고 부를 상황이 아니었다. 『논어』의 이 구절을 역자는 본문에서 "이단을 깊이 파고들면[攻] 해로울 뿐이다."라고 번역했는데, 이 경우 이단은 잡설(雜說) 내지는 이상한 주장을 가리킨다. 그런데 이 구절은 "이단을 공격하면 해로울 뿐이다."로 해석되기도 한다. 이단에 대한 공격이라고 해석하는 것도 언어적으로야 가능하겠지만 공격이라고 표현하려면 이단에 대한 대항 의식과 이를 가능하게 하는 정통으로서의 우리라는 어느 정도의 패권의식이 함께 있어야 한다. 맹자 시대와 달리 공자의 사회적 상황은 이에 들어맞지 않는 면이 있으므로 후대의 새로운 해석이라고 해서 더 선호할 필요는 없다.

중국철학사에서 이단의 뜻이 현대적 의미의 이단과 유사해진 시대는 불교와 도가사상을 적대적으로 의식하고 이를 극복하려고 하였던 송대였다. 남송의 주희가 말년에 제창한 도통(道統) 개념이 이를 웅변적으로 잘 보여준다. 이는 기독교에서 삼위일체설 등 중요 교리가 정통으로 자리매김한 뒤에 이단에 대한 배척의식이 강해진 것과 유사하다. 본 장의 서두에서 요순과 탕, 문무가 그들을 반대했던 세력을 처단하고 천명에 의해서 새 왕조를 건설하거나 번창시킨 정치적 행위에 대해 언급한 것은 도통 개념의 확립과 정치적인 천명관이 모종의 연관을 맺고 있다는 것을 암시한다. 새로운 왕조를 반석에 올려놓으려는 삼봉에게 이태조는 천명을 받은 인물이고, 성리학은 진정한 도를 담지한 새로운 시대를 이끌어나갈 통치 이론이다. 반면에 고려 왕조는 부패한 정치세력으로 이미 천명이 떠났으며, 불교는 참된 도를 흉내 내고 있는 사설에 불과하다. 새로운 이상 사회를 염원하는 삼봉에게 이단과 이를 추종하는 세력은 척결의 대상일 수밖에 없다. 이미 『서경』에서 천명미상(天命靡常)이라고 하지 않았던가! 신흥 왕조와 새로운 통치 철학은 절묘하게 배합되는 아름다운 화음이었다.

闢異端之辨

堯舜之誅四凶，以其巧言令色方命圮族也．禹亦曰，何畏乎巧言令色．蓋巧言令色，喪人之心，方命圮族，敗人之事．聖人所以去之而莫之容也．湯武之征桀紂也，一則曰予畏上帝，不敢不正．一則曰，予不順天，厥罪惟均，天命天討，非己之所得而辭也．夫子曰，攻乎異端，斯害也已．害之一字，讀之令人凜然．孟子之好辯，所以距楊墨也，楊墨之道不距，聖人之道不行．故孟子以闢楊墨爲己任．其言曰，能言距楊墨者，亦聖人之徒也．其望助於人者至矣．墨氏兼愛，疑於仁，楊氏爲我，疑於義．其害至於無父無君，此孟子所以闢之之力也．若佛氏則其言高妙，出入性命道德之中，其惑人之甚，又非楊墨之比也．朱氏曰，佛氏之言彌近理而大亂眞者，此之謂也．以予惛庸劣，不知力之不足，而以闢異端爲己任者，非欲上繼六聖一賢之心也，懼世之人惑於其說，而淪胥以陷，人之道至於滅矣．嗚呼，亂臣賊子，人人得而誅之，不必士師，邪說橫流．壞人心術，人人得而闢之，不必聖賢．此予之所以望於諸公，而因以自勉焉者也．

20

불씨잡변 지識[1]

　도전(道傳)이 틈을 내어 『불씨잡변』 15편과 전대사실(前代事實) 4편을 지었다. 책이 완성되자 어떤 사람이 이를 읽어보고 말하였다.[2]

　"자네는 불교의 윤회설을 논박하고자 『주역』에서 언급한 만물이 생생(生生)하는 이치를 활용하여 윤회설이 틀렸음을 밝혔다. 그 주장이 그럴듯하지만, 불씨는 '만물 중에 무정물(無情物)은 법계성(法界性)[3]으로부터 왔고, 유정물(有情物)은 여래장(如來藏)[4]으로부터 왔다.'[5]고 주장하였다. 그러므로 말하기를 '대개 혈기(血氣)가 있는 사물은 다 같이 지각(知覺)이 있고, 지각이 있는 존재는 다 같이 불성이 있다.'고 하였다. 이제 자네는 무정물(無情物)과 유정물(有情物)을 구분해 논하지 않고, 같은 종류로 함께 비교하였다. 그러니 논변하느라고 기운을 소진하였으나, 견강부회(牽强附會)하는 병통을 피할 수는 없지 않은가?"

　이에 내가 대답하였다.

"아아! 이것은 바로 맹자의 말처럼, 근본이 두 개[6]이기 때문이다. 또 이 기(氣)가 천지 사이에 있는 것은 본래 하나일 뿐인데, 태극에 동정(動靜)이 있어서 음(陰)과 양(陽)이 나뉘고, 음양의 변합(變合)이 있어서 오행(五行)이 구비되는 것이다.[7] 주 선생[周子][8]은 '오행(五行)은 하나의 음양이요, 음양은 하나의 태극이다.'라고 하였다. 대개 태극이 동정하고 음양이 변하고 합하는 사이에, 그 유행하는 기(氣)에는 통함과 막힘[通塞]과 치우침과 바름[偏正]의 차이가 생기게 된다. 기의 통함과 바름을 얻은 것은 사람이 되고, 치우침과 막힘을 얻은 것은 사물이 된다. 또 치우침과 막힘 중에서도 기가 조금이라도 통한 것은 금수(禽獸)가 되고, 전혀 통함이 없는 것은 초목이 된다. 이것이 바로 만물이 유정(有情)과 무정(無情)으로 구분되는 이유이다.

주 선생[周子]은 '움직이되[動] 움직임이 없고, 고요하되[靜] 고요함이 없는 것은 신령스러운 것[神]이다.'[9]라고 하였다. 그 기(氣)가 통하지 않음이 없으므로 신령스럽다 하는 것이다. 또 '움직이면 고요함이 없고, 고요하면 움직임이 없는 것은 사물이다.'[10]라고 하였다. 형체와 기운에 제한받아 서로 통할 수 없으므로 사물이라 하는 것이다. 움직여 고요함이 없는 것을 유정물이라 말하고, 고요하여 움직임이 없는 것을 무정물이라 말한다. 사물의 유정과 무정이 또한 다 기(氣) 가운데에서 생기는 것이니, 어찌 둘이라고 하겠는가?[11]

또 한 사람의 몸에서도 혼백(魂魄), 오장(五臟), 이목구비(耳目口鼻)나 손·발 등 같은 것은 지각 운동이 가능하고, 모발·손톱·치아 등은 지각 운동이 불가능하다. 그러면 한 몸 가운데에도 또한 유정의 부모로부터 온 것과, 무정의 부모로부터 온 것이 있으니, 부모가 둘 있다는 말인가?"

그 사람이 다시 말했다.

"자네의 말이 옳다. 하지만 자네가 여러 가지로 변론한 주장이 성명(性命), 도덕(道德)의 묘리와 음양(陰陽) 조화의 미묘함까지 언급하여, 참으로 초학자들도 이해하지 못할 내용도 다수 있는데, 하물며 어리석고 평범한 백성들이 이를 이해할 수 있겠는가? 자네 말이 비록 정통하나, 유교를 변호할 뿐이라는 비방이나 받고, 유교와 불교 피차간의 학설에 손해나 보탬이 없을 것 같다. 또 부처의 주장이 비록 사리를 고찰하지 못한 바가 있지만, 세속의 사람들은 이를 친숙하게 여기니, 그저 빈말로는 이를 타파할 수 없다. 하물며 그들이 말하는 불상에서 빛이 나는 상서(祥瑞)로운 현상이나, 사리(舍利)라는 이적(異跡)이 왕왕 있다. 이것이 세속에서 이적에 감탄하고, 사람들이 믿으며 복종하는 까닭이다. 자네는 여전히 이를 반박할 논거가 있는가?"

내가 다시 대답하였다.

"이른바 윤회(輪廻) 등에 대한 논변은 내가 이미 모두 진술하였다.[12] 비록 불교의 폐단이 깊어서 갑자기 모두에게 이해시킬 수는 없겠지만, 학문을 좋아하는 한두 명의 선비가 내 말로 인하여 돌이켜 구하는 바가 있다면 진리에 근접한 것을 얻을 수 있을 것이니, 이에 여기서 다시 군더더기를 덧붙이지는 않겠다.

방광(放光)과 사리(舍利) 등의 일도 어찌 그런 것이 있을 수 없다고만 할 것인가? 마음이라는 것은 기의 가장 순수하고 가장 영험한 부분이다. 저 불도(佛徒)들은 생각의 선과 악, 삿됨과 바름을 논하지 않은 채, 마음의 한 겹을 깎아버리고 또 한 겹을 깎아버려 한결같이 안으로 수렴(收斂)한다. 대개 마음이란 본래 광명하며 오직 순수하기가 이와 같아서, 심중에 쌓아 밖으로 발하는 것 또한 이치의 추세로 당연한 것이다. 부처의 방광이 어찌 기이하다고 여겨지기에 족하겠는가?[13]

또 하늘이 이 마음을 낳으니, 그 지극히 신령하고 지극한 밝음으로써 일신(一身)의 주인이 되어 여러 이치를 신묘하게 구비하고 만물을 주재(主宰)한다. [하늘은 이 마음을] 사용할 곳이 없는 쓸모없는 것으로 만들지 않았다. 마치 하늘이 불을 만든 것은 본래 처음부터 사람을 이롭게 하기 위한 것인데, 이제 어떤 사람이 불을 재 속에 파묻어버려, 추운 사람은 열기를 얻지 못하고, 배고픈 사람은 밥을 지을 수 없다면, 비록 불의 열기가 있다 하더라도 재 속에서 발한 것이니, 결국 무슨 이익이 있겠는가? 부처의 방광을 내가 대단하게 여기지 않는 까닭이 이것이다. 또한 불이란 것은 쓸수록 새로운 것이어서 항상 보존하여 꺼지지 않게 할 수 있다. 만일 재 속에 묻어두기만 하고 때때로 불꽃을 확인해주지 않는다면, 처음에 비록 불꽃이 세더라도 종국에는 꺼져서 재가 될 것이다.

사람의 마음도 이와 같아서, 항상 애쓰고 조심하고 염려하는 마음을 간직해야 마음의 작용이 사라지지 않고 의리(義理)가 생겨날 수 있다. 만일 이런 마음을 한 번 경험하고는 계속 수렴(收斂)하여 마음속에만 둔다면 마음이 비록 깨어 있다 할지라도 후에는 반드시 말라 소멸하고야 말 것이다. 그러면 그 빛나고 밝은 것이 흐릿하고 어두워질 것이니, 이 또한 알고 있지 않으면 안 되는 일이다. 썩어가는 풀과 나무에도 야광(夜光) 현상이 있는데, 불상을 세우는데 발광 현상이 있었다는 것을 어찌 기이한 일이라고 할 수 있는가? 대저 사람에게 사리가 있는 것은 조개류에 진주가 있는 것과 같다. 개중에는 이른바 고승의 경우에도 사리가 없는 이가 있으니, 이것은 바로 조개류에 진주가 없는 것과 같은 경우이다.

세간에 전해지기를 어떤 사람이 조개에 있는 진주 구슬에 구멍을 내지 않고 찌지도 않은 상태로 오래 두었다가 꺼내보니 개수가 여러 개로 늘어났다고 한다. 이는 생의(生意)가 있는 곳에서 자연히 생명이 불어나는 이치[理]이다. 사리가 여러 모습으로 나뉘는 것도 이와 같은 일일 뿐이다. 만일에 '부처는 지극히 영험한 존재라, 사람의 정성에 감동되면 사리가 나뉜다.'고 한다면, 석씨의 제자들 중 스승의 모발이나 치아, 뼈 등을 간직하고자 할 자가 많이 있었을 텐데, 어찌 정성을 다해 이런 유체를 나눠 가질 것을 청하지 않고 오직 사리에서만 부처의 모습이 드러난다고 하는가? 그리고 이러한 것은 일종의 물신숭배가 아니고 무엇인가?

어떤 사람들은 '사리라는 것은 아주 단단한 것이어서 비록 쇠방망이로 내리쳐도 깰 수 없는데, 사리가 신령하기 때문이다.'라고 한다. 그러나 영양각(羚羊角)을 얻어 한 번만 내리치면 부서져서 가루가 될 것인데, 사리가 어찌 쇠에 대해서는 신령스러우면서 영양각에 대해서는 신령스럽지 못해서 그렇겠는가? 이는 오직 사물의 본성이 본래 그런 것이니 이상할 것이 없다.

오늘날에는 나무 두 개를 서로 비비거나 쇠와 돌을 맞부딪쳐서 불을 피운다. 그러나 이는 어디까지나 사람의 힘에 의한 일이다. 부싯돌 구슬을 태양을 향해 놓고서 쑥으로 만든 심지를 들이대면 향 타는 냄새와 연기가 나면서 활활 불이 피어오르니, 이는 참으로 사람의 힘에 의한 일이 아니다. 처음에는 반짝반짝거리며 조금씩 피어나지만 마침내는 활활 피어올라 곤륜산(崑崙山)을 불사르고 옥석(玉石)도 태워버릴 수 있을 정도이지만, 무엇이 그리 신기한가? 이것도 그 사물의 본성이 그렇게 하는 것이 아니고 어떤 신령스러운 것이 불 속에 붙어 있다가 사람의 정성에 감동되어 발동하여 그렇게 하는 것이겠는가?

또 사람에게 불의 유익함은 대단히 크다. 음식을 익히면 딱딱한 것이 부드러워지고, 온돌에 불을 피우면 차가운 방이 따뜻해지고, 약재를 끓이면 생것이 익어서 배고픈 자를 배부르게 하고 병든 자를 치료할 수 있다. 쇳덩어리를 녹여 쟁기, 도끼, 가마솥을 만들어 백성들이 유용하게 사용하게 하고, 칼과 창과 검극(劍戟)을 만들어 군대가 이 무기들을 사용하는 데 위엄이 있게 한다. 불이 만들어짐이 이처럼 신묘하고, 불을 사용한 유익함이 이와 같은데, 그대는 이를 중하게 여기지 않는구나! 저 사리라는 것은 추위가 엄습해도 옷이 될 수 없고, 허기가 있어도 음식이 될 수 없으며, 병사가 병기로 삼을 수도 없으며, 환자가 달여서 먹는 약재로 쓸 수도 없다. 부처의 신령스러움으로 한 번 빌어 사리 수천 개를 만들어도 오히려 무익하고 사람의 일에 방해만 되니, 불이나 깊은 강물에 던져버려 영원히 그 뿌리를 끊어버려야 한다. 그럼에도 이를 다시 공경하게 받들어 부처에게 귀의하고자 해서야 되겠는가? 아아! 세상 사람들이 일상적인 것에 염증 내고, 괴이한 것을 좋아하여, 유교의 실리는 버리고 공허한 불법을 숭상하기가 이와 같으니, 이 어찌 한탄스럽지 아니한가?"

여기까지 들은 그 사람이 자신도 모르는 사이에 절을 하면서 말하였다.

"이제 선생의 설명을 듣고, 비로소 유학자의 주장이 옳고 불교의 주장이 그릇됨을 알겠다. 그대의 말씀은 양웅(揚雄)[14]도 따라오지 못할 것이다."

이에 이 책의 끝에 함께 적어 하나의 논설로 삼는다.

佛氏雜辨 識

道傳暇日, 著佛氏雜辨十五篇, 前代事實四篇旣成. 客讀之曰, 子辨佛氏輪廻之說, 乃引物之生生者以明之. 其說似矣, 然佛氏之言, 有曰凡物之無情者, 從法界性來, 凡有情者, 從如來藏來. 按無情者, 猶嚴石點頭之類, 法界如云無邊也, 有情者如本覺, 衆生心與諸佛性, 本爲如來也. 故曰凡有血氣者, 同一知覺, 凡有知覺者, 同一佛性. 今子不論物之無情與有情, 比而同之. 無乃徒費辭氣, 而未免穿鑿附會之病歟. 曰噫, 此正孟子所謂二本故也. 且是氣之在天地間, 本一而已矣. 有動靜而陰陽分, 有變合而五行具.

周子曰五行一陰陽也, 陰陽一太極也. 蓋於動靜變合之間, 而其流行者有通塞偏正之殊, 得其通而正者爲人, 得其偏而塞者爲物. 又就偏塞之中而得其稍通者爲禽獸, 全無通者爲草木. 此乃物之有情無情, 所以分也. 周子曰動而無動, 靜而無靜, 神也. 以其氣無所不通, 故曰神. 動而無靜, 靜而無動, 物也. 以其囿於形氣而不能相通, 故曰物. 蓋動而無靜者, 有情之謂也, 靜而無動者, 無情之謂也. 是亦物之有情無情, 皆生於是氣之中, 胡可謂之二哉. 且人之一身, 如魂魄五臟耳目口鼻手足之屬, 有知覺運動. 毛髮爪齒之屬, 無知覺運動, 然則一身之中, 亦有從有情底父母來者, 從無情底父母來者, 有二父母耶.

客曰子之言是也. 然諸辨之說, 出入性命道德之妙, 陰陽造化之微, 固有非初學之士所能識者, 況下民之愚庸乎. 吾恐子之說雖精, 徒得好辯之譏, 而於彼此之學, 俱無損益. 且佛氏之說, 雖曰無稽, 而世俗耳目, 習熟, 恐不可以空言破之也. 況其所謂放光之瑞, 舍利分身之異, 往往有之. 此世俗所以歎異而信服之者, 子尙有說以攻之也. 曰所謂輪廻等辨, 予已悉論之矣. 雖其蔽之深也, 不能遽曉, 然一二好學之士,因吾說而反求之, 庶乎有以得之矣, 玆不復贅焉.

至於放光舍利之事, 豈無其說乎. 且心者氣之最精最靈的, 彼佛氏之徒, 不論念之善惡邪正, 削了一重, 又削了一重, 一向收斂. 蓋心本是光明物事, 而專精如此. 積於中而發於外, 亦理勢之當然也. 佛氏之放光, 何足怪哉. 且天之生此心者, 以其至靈至明, 主於一身之中, 以妙衆理而宰萬物. 非徒爲長物而無所用也. 如天之生火, 本以利人. 而今有人焉, 埋火於灰中, 寒者不得熱, 飢者不得爨, 則雖有光焰發於灰上, 竟何益哉.

佛之放光, 吾所不取者, 此也. 抑火之爲物, 用之新新, 乃能常存而不滅. 若埋之灰中, 不時時發視之, 始雖熾然, 終則必至於灰燼消滅. 亦猶人之此心, 常存憂勤惕慮之念, 乃能不死而義理生焉. 若一味收斂在裏, 則雖曰惺惺着, 必至枯槁寂滅而後已. 則其所以光明者, 乃所以爲昏昧也, 此又不可不知也.

至於像設, 亦有放光者, 蓋腐草朽木, 尙有夜光, 獨於此, 何疑哉. 若夫人之有舍利, 猶蚖䵓蟒蛤之有珠. 其間所謂善知識者, 亦有無舍利者. 是則蚖䵓蟒蛤而無珠之類也. 世傳人藏蟒蛤之珠, 不穿不蒸者, 久而發之, 添得許多枚, 是生意所存, 自然滋息理也. 舍利之分身, 亦猶是耳. 若曰有佛至靈, 感人之誠, 分舍利云耳, 則釋氏之徒, 藏其師毛髮齒骨者多矣, 何不精勤乞請以分其物, 而獨於舍利, 言分身哉. 是非物性而何也.

或曰舍利此甚堅固, 雖以鐵塊擊之不能破, 是其靈也. 然得羚羊角則一擊碎爲微塵, 舍利何靈於鐵而不靈於角也. 是固物性之使然, 無足怪者也.

今或以兩木相鑽, 或以鐵石相敲而火出, 然此尙待人力之所爲也. 以火精之珠, 向日而炷艾, 則薰然而烟生, 焰然而火出, 固非人力之所爲. 其初不過熒熒之微, 而其終也赫赫然炎崑崙而焚玉石, 何其神矣哉. 是亦非其性之使然, 而有一靈物, 寓於冥漠之中，感人之誠而使之至此歟．且火之益於人者，抑大矣．爨飲食則堅者柔，烘坑則寒者熱，湯藥物則生者熟，飢可以飽，病可以愈．以至鎔鐵作來斧作釜鼎以利民用，作刀槍劍戟以威軍用．火之生也，其神如彼，火之用也，其利如此，子皆莫之重焉．彼舍利者，當寒而不得以爲衣，當飢而不得以爲食，戰者不足以爲兵器，病者不足以爲湯藥．使佛有靈，一祈而分數千枚，尚以爲無益而廢人事，舉以投諸水火，永絶根本，況復敬奉而歸依歟．

噫，世之人，厭常而喜怪，棄實利而崇虛法如此，可勝歎哉．客不覺下拜曰，今聞夫子之言，始知儒者之言爲正，而佛氏之說爲非也．子之言，揚雄不如也．於是幷書卷末，以備一說焉．

부록

정도전 연보

| 정도전 연보 |

1342 (충혜왕 복위 3) 1세	3남 1녀 가운데 맏이로 출생. 호는 삼봉(三峰)이며, 자는 종지(宗之). 봉화 정씨 집안은 대대로 지방의 세습 향리를 지냈으며, 아버지 정운경 때에 이르러 중앙의 관직에 올랐다. 정운경은 순전히 자신의 능력으로 출세했고, 이러한 집안 배경은 정도전의 강직하고 급진적인 개혁가 기질에 영향을 미쳤다. 정도전의 외할머니는 우현보의 족인(族人) 김전이라는 승려가 자기 종의 아내와 관계를 맺어 낳은 딸이라는 기록이 있다. 김전이 딸을 몰래 돌보았으며 사인(士人) 우연에게 시집보내고, 그 사이에서 난 딸이 정운경에게 시집가서 정도전을 낳았다. 정도전은 외가 쪽 혈통 때문에 세인의 따가운 눈총을 받았다. 조선 왕조 개국 시기에 그의 이런 혈통은 그가 박해를 받는 원인으로 작용한다. 그런데 일부에서는 외조부가 영주 사족이자 산원 벼슬을 했기 때문에, 모계가 그동안 알려진 단양(丹陽) 우씨(禹氏)가 아니라 영주(榮州) 우씨(禹氏)라며, 삼봉의 외조모 혈통에 대해 기존과 다른 입장을 제기하는 학자들도 있다.
1359 (공민왕 8) 18세	아버지 정운경이 형부상서에 오름.
1360 (공민왕 9) 19세	성균시에 합격. 이 무렵 부인 최씨를 맞이함.
1361 (공민왕 10) 20세	장자 진(津) 출생. 아직 벼슬길에 오르지 못하여 어린아이들을 가르치면서 생계를 꾸려나감.
1362 (공민왕 11) 21세	10월, 진사시에 합격하여 벼슬길에 오름.
1363 (공민왕 12) 22세	봄, 충주목의 사록(司錄)에 임명됨.

1364 (공민왕 13) 23세	여름, 개경에 돌아와 전교주부(典校主簿, 종7품)에 임명. 「고의(古意)」 등의 시를 씀.
1365 (공민왕 14) 24세	왕의 비서직인 통례문지후(通禮門祗侯, 정7품)로 전임됨.
1366 (공민왕 15) 25세	1월 부친상을, 12월 모친상을 당하여 고향인 영주에 내려가 3년간 여묘살이 시작. 두 동생과 남방 학자들을 가르침. 이 무렵 정몽주가 『맹자』를 보내주어 정독함. 『맹자』의 민본사상에 대하여 깊은 이해를 가짐.
1369 (공민왕 18) 28세	이 시절에 공민왕이 신돈을 총애하고 그가 국정에 간여하기 시작하자, 삼각산 옛집으로 돌아와 학문에 정진. 「원유가(遠遊歌)」를 지어 공민왕이 노국공주를 위해 지은 영전(影殿) 건설 공사를 풍자함.
1370 (공민왕 19) 29세	여름, 성균관을 중수하고 이색, 정몽주, 이숭인, 김구용 등이 학관으로 임명되어 성리학을 강론한다는 소식을 듣고 개경에 다녀옴. 추석, 이존오(李存吾)가 부여에서 삼봉으로 오자 그를 위해 시를 써줌.
1371 (공민왕 20) 30세	7월, 신돈이 주살되었다는 소식을 듣고 개경으로 돌아옴. 「추야」 등의 시를 씀. 성균관 학자들의 천거로 성균박사(정7품)에 임명되어 성리학을 강론하기 시작. 제사의식을 관장하는 태상박사(太常博士)에 특진. 그 뒤 예의정랑(禮儀正郞, 종6품)으로 옮겨, 성균박사와 태상박사를 겸임. 성균박사는 비록 권력이 있는 자리는 아니지만, 이 일을 계기로 정도전이 뛰어난 성리학자로 성장하는 계기가 되며, 정주성리학이 크게 발전하는 기폭제가 된다.
1374 (공민왕 23) 33세	9월, 정도전을 아끼던 공민왕이 시해되고, 이 사실을 명(明)에 고할 것을 주장하여 친원파 권신 이인임(李仁任)의 미움을 사게 됨.
1375 (우왕 원년) 34세	여름, 성균사예, 예문응교(정4품), 지제교 등을 제수받고 문한직을 수행함. 「감흥」이라는 시를 씀. 북원(北元) 사신이 명을 협공하기 위해 입국할 때, 이인임과 지윤이 정도전을 영접사로 임명하자, 정도전이 이를 거부함. 이 일로 권신들의 미움을 받아 전라도 나주 회진현 거평부곡(지금의 전남 나주시 다시면 운봉리 백동마을)으로 귀양 감. 12월, 유배지에서 『심문천답』 2편을 저술함. 북원 사신을 배척하다가 귀양 도중 죽은 박상충(朴尙衷)을 위해 「곡번남선생문」을 씀.

- 우왕 즉위와 함께 권력은 권문세족에게 돌아가고, 공민왕이 추진해오던 개혁정치는 원점으로 돌아간다. 정도전은 친원반명의 시대 흐름을 목격한다. 권문세족의 횡포와 왜구의 침입으로 사회는 혼란해진다.
- 『심문천답』: 마음이 질문하고 하늘이 답변하는 형식의 글로 마음은 불교, 하늘은 성리학을 가리킨다.
- 소재동에서 3년간의 귀양살이는 정도전에게 정신적인 성장을 가져다주었다. 부곡민들과 어울려 살면서 느낀 여러 가지 체험을 시와 산문으로 엮은 『금남잡제』와 『금남잡영』을 저술한다.
- 유배지에서 그가 접한 전부, 야인, 승려 등으로부터 순박한 인정과 의리, 세태에 대한 날카로운 비판 의식을 배운다. 실천을 모르는 유학자의 박학이 허위인 것을 깨닫는다.

1377 (우왕 3) 36세	유배지에서 『금남잡영』, 『금남잡제』 등 여러 시문을 지음. 2월 초, 예에 따라 고향 영주로 가는 길에 장성 백암산 정토 사무열장로의 부탁으로 「정토사 교류기」를 지음. 고향에서 4년간 복거(卜居)하는 중에 왜구의 침입으로 단양, 제천, 안동, 원주 등지로 피난.
1380 (우왕 6) 39세	진주인 하유종(河有宗)을 위해 『매천부(梅川賦)』를 지음. 가을, 편한 곳에서 사는 것이 허락되자 삼각산 삼봉재(지금의 북한산 부근)로 돌아와 움막을 짓고 제자들을 가르침. 그는 항상 후학들을 가르치고 이단을 물리치는 것을 자신의 임무로 삼았음.
1381 (우왕 7) 40세	재상들의 핍박으로 집이 헐리자 삼각산, 부평, 김포 등지로 자주 이사를 다니면서 학문과 교육에 종사함. 이때 후일 창왕의 왕사가 된 승려 찬영(粲英)과 교유함.

- 9년간의 유배, 유랑 생활은 정도전에게 고통스러운 기간이었다. 이 시련 속에서 그는 웅장한 혁명사상을 구상하게 된다. 이는 이성계를 직접 찾아가 혁명을 모의하게 된 원인이 되었다.
- 정도전의 수많은 저술은 대부분 개국 이후 출판되었는데, 개국 1등 공신으로 요직에 머물면서 저술을 하기는 어려웠으므로, 9년간의 유배, 유랑 시절에 구상되었다고 보는 것이 옳다.

1383 (우왕 9) 42세	가을, 함경도 함주막(咸州幕)을 찾아가 당시 동북면 도지휘사로 있던 이성계와 만나 혁명을 결의하고 김포로 돌아옴.

- 정도전은 혁명에 필요한 무력의 힘을 이성계의 군사력에서 찾고자 했다. 이성계의 군대가 기강이 잡히고 훈련이 잘되어 있는 것을 보고 혁명의 성공을 확신했다.

1384 (우왕 10) 43세	여름, 다시 함주(함흥)에 다녀옴. 7월, 전의부령(典儀副令)이 됨. 9년 만에 벼슬길에 다시 오름. 이해에 서장관이 되어 성절사인 정몽주를 따라 명나라 금릉에 가서 우왕 승습의 승인과 시호를 요청함. 명나라와의 외교를 성공적으로 수행.

정도전 연보　193

1385 (우왕 11) 44세	4월. 명나라에서 돌아오는 즉시 성균좨주(3품), 지제교를 제수받음. 이해에 왕사인 태고 보우가 열반하자 그의 비문을 씀(양주 용문산 사라사). 불교를 배척하는 그가 많은 승려들과 교류하고 비문을 쓴 것은 주목해야 함. 그가 배불운동을 벌였던 이유는 승려를 싫어해서가 아니라 불교의 정치적·사회적 폐단을 우려해서임. 정도전은 당시 번잡한 불교행사와 화려한 절이 세워지는 일로부터 선을 닦는다는 불교의 교리는 잘못되었으며, 오히려 국가의 재정과 백성의 힘을 고갈시키고 있다고 지적하였음. 이에 주나라 말기 태사 과(過)가 "나라가 흥하려 할 때는 사람 말을 듣고 나라가 망하려 할 때는 귀신의 말을 듣는다."고 언급한 말을 인용하며, 부처나 귀신을 섬기는 일은 해악만 끼치는 일임을 언급.
1386 (우왕 12) 45세	6월. 명나라를 다녀온 정몽주를 위해 「포은봉사고서(圃隱奉使藁序)」를 씀.
1387 (우왕 13) 46세	외직을 요청, 경기도 남양부사(南陽府使)로 나가 혜정을 베풂.
1388 (우왕 14) 47세	6월. 이성계가 위화도 회군으로 정권을 잡자 왕의 비서직인 밀직부사(3품)에 임명됨. 8월. 이성계의 천거로 성균관 대사성(3품)에 오름. 10월, 「도은문집서(陶隱文集序)」를 씀. 이해에 의학서인 『진맥도결(診脈圖訣)』을 지음.
1389 (창왕 원년, 공양왕 원년) 48세	2월. 예문관 제학이 됨. 4월. 조준, 윤소종 등과 더불어 전제 개혁을 시작함. 11월. 이성계, 조준, 심덕부, 지용기, 정몽주, 설장수, 성석린, 박위 등과 의논하여 우왕이 공민왕의 아들이 아니라 신돈의 아들이라는 이유를 들어 우왕과 창왕을 폐위시키고 공양왕을 맞아들임. 이 공으로 12월 29일 봉화현 충의군에 피봉되고, 수충논도좌명공신의 호와 100결의 토지를 받음. 재정을 담당하는 삼사좌사(三司左使)로 승진함. 12월. 새로 지은 도평의사사의 「청기(廳記)」를 지음.

- 우왕은 수구정치의 상징으로, 개혁을 꿈꾸는 이들에게는 폐위가 절대적으로 필요했다. 그리하여 우왕과 창왕의 출생 신분을 근거로 공양왕을 옹립하고자 했다. 이에 정도전은 당 고종의 황후 측천무후가 아들 중종의 왕위를 찬탈했던 역사를 당시 상황과 연결했다. 즉 신우와 신창은 고려를 건국한 왕씨와 혈연관계가 없으므로, 왕씨의 왕위를 도적질하였다고 언급했다. 신우와 신창의 세력을 남겨두는 것은 사정(私情)에 지나지 않으므로, 그들을 모두 조정의 죄인으로 취급하여 나라의 근심거리를 없애는 것이 공의(公義)에 부합하는 것으로 보았다.
- 전제 개혁에 대한 정도전의 입장은 강경하고 철저했다. 전국의 토지를 국가가 몰수하여 인구수에 따라 나누어 줄 것을 주장, 이를 '계민수전(計民授田)'이라고 불렀으며, 전 국민을 자작농으로 만들고자 했다. 그의 전제

개혁안은 대지주 출신의 관료들, 성리학을 공부한 학우들과도 다른 노선을 겪게 되는 계기가 되었다. 이색, 정몽주와의 불편한 관계가 시작된다.
- 남은, 심효생, 황거정, 이근 등이 정도전의 새로운 혁명동지로 규합된다.

1390 (공양왕 2) 49세	4월. 정당문학(종2품)에 제수됨. 뇌물과 청탁 등으로 문란해진 관료의 인사정책을 혁신하기 위한 다섯 가지 방안을 제시. 6월. 하절사로 명에 가서 윤이, 이초의 무고(이성계가 명을 치려 한다는 모함)에 대해 변명함. 김종연 일파가 이성계를 살해하려다 발각됨.
1391 (공양왕 3) 50세	1월. 삼군도총제부가 설치되자 우군총제사에 임명되어 병권의 일부를 장악함(이성계는 삼군도총제사, 조준은 좌군총제사). 우왕의 숭불 행사를 맹렬히 비판하여 배불운동의 봉화를 들기 시작. 4월. 왕이 구언하는 교서를 내리자, 우왕과 창왕을 옹립하는 데 앞장선 반대파 이색, 우현보 등을 탄핵하는 강경 상소를 올렸지만 받아들여지지 않음. 정도전은 우현보 일당을 당의 중종과 무삼사의 역사에 비추어 임금에게 글을 올렸으며, 이색과 우현보 등의 반대파를 우왕을 지지하여 왕실의 성씨를 멸하려는 역적과 같다고 간언함. 그러나 우현보의 손자 우성범이 왕의 부마였는데, 이로 인해 왕이 정도전의 간언을 못마땅하게 여겼으며, 정도전과 이색, 우현보 등과의 갈등은 더 악화됨. 5월. 과전법(科田法)을 제정함. 이를 계기로 구세력의 반발이 거세짐. 9월. 왕은 그를 평양부윤으로 내려보냈으나, 곧 반대파는 출신이 미천한 그가 조정을 혼란시키고 국가 기밀을 누설했다는 혐의를 씌워 탄핵. 그는 봉화로 유배됨. 이로써 두 번째 유배 생활이 시작됨. 10월. 왕은 정도전의 직첩과 녹권을 거두어들이고 나주로 이배시켰으며, 그의 두 아들 진, 영은 서인으로 폐출함. 이때 정도전을 탄핵하는 상소에는 "가계가 분명하지 못하고 가풍이 바르지 못하다"며 출생 신분이 미천함을 지적하고, 관직을 훔쳤다고 서술되어 있음. 12월. 봉화현(지금의 경상북도 영주시)으로 다시 이배됨.
1392 (공양왕 4, 태조 원년) 51세	봄. 귀양에서 풀려나 고향 영주로 돌아옴. 4월. 이성계가 해주에서 사냥하다가 말에서 떨어져 부상을 당하자 시중의 자리에 있던 정몽주와 김진양 등이 이를 계기로 정도전 등을 제거하기 위해 탄핵 상소를 올린 것이 윤허되어, 정도전은 영주에서 체포되고 예천(醴泉) 보주(甫州)의 옥에 갇힘. 이때에도 정적들은 정도전의 출생을 문제 삼음. 이방원이 정몽주를 선죽교에서 격살하자 사태가 역전됨. 6월. 개경으로 소환되어 다시 충의군에 봉해짐. 두 아들의 신분도 회복됨. 7월 17일. 남은, 조준 등 52명과 함께 이성계를 신왕으로 추대하여 조선왕조를 개창함. 28일. 17조의 「편민사목(便民社目)」에 관한 교서를 지어 중외의 대소 신료와 한량·기로·군민에게 교시함(개혁의 기본 방향을 제시하고, 아울러 이색·이숭인·우현보 등 반혁명세력 56명을 극형에 처할 것을 명령). 좌명공신·문하시랑찬성사·동판도평의사사사·판호조사·판상서사사·보문각대학사·지경연예문춘추관사·의흥친군위절제사·봉화군에 임명되어 정치, 경제, 군사의 실권을 장악함.

8월 20일, 배극렴, 조준 등과 더불어 나이와 공(功)을 따져 세자를 정할 것을 요청했으나, 왕이 강씨 소생을 세자로 봉할 것을 고집하자, 배극렴의 주장에 따라 강씨의 둘째아들 방석(芳碩)을 세자로 정함. 23일, 손흥종, 황거정 등을 시켜서 이색의 아들인 이종학, 최을의, 우현보의 아들인 우홍수, 우홍명, 우홍득, 그리고 이숭인, 김진양, 이확 등 8인을 곤장 100대를 때려 죽임.
9월 17일, 문하시랑찬성사로서 개국 1등 공신에 봉해져 200결의 공신전과 25구의 노비 등 여러 특전을 받음.
10월, 왕명으로 『고려사』 편찬 시작. 25일, 이성계의 창업을 알리고 신년 인사를 올리기 위해 명나라 계품사 및 사은사로 감. 사행 도중 요동의 사정을 살피고 옴.

※ 혁명파와 반혁명파 사이의 결전 시기
- 반혁명의 선봉에 선 정몽주가 이방원에 의해 격살된다. 정도전을 비롯한 52명의 대소신료들은 국보를 들고 이성계를 찾아가고 이성계는 새로운 정권을 수립한다.
- 정도전은 새 왕조의 기초를 다지는 데 헌신. 그는 정책 결정, 관료인사, 국가재정, 군사 지휘권, 왕의 교육과 왕의 교서 작성, 역사 편찬 등 국가 경영에 필요한 핵심적인 자리를 겸직한다.
- 17조의 「편민사목」을 지어 국정 전반에 걸친 광범위한 개혁 및 반혁명세력에 대한 처벌을 주장한다.
- 세자 책봉 문제를 건의. 『조선경국전』 「정국본」에 세자 책봉에 대한 그의 입장이 드러난다.
- 병서 『오행진출기도』와 『강무도』를 지어 군사들을 연습시키도록 한다. 이는 요동 정벌의 준비를 위한 것이었다.
- 명나라에 가서 왕조 창업의 전말을 알리고 신년인사를 올린다. 하지만 진정한 목적은 요동의 사정을 살피기 위한 것이었다.

1393 (태조 2) 52세	**정권을 장악하고 군사 훈련을 통해 군사 지휘권을 장악해가던 시기** 3월 20일, 명나라에서 돌아옴. 4월, 『오행진출기도』와 『강무도』를 제작. 7월 5일, 문하시랑찬성사로서 동북면 도안무사에 임명되어 함길도의 여진족을 회유하고, 행정구역을 정리함. 26일, 「문덕곡」, 「몽금척」, 「수보록」, 「납씨곡」, 「정동방곡」, 「궁수분곡」 등 여섯 편의 악사(樂詞)를 찬진하여 이성계의 공로를 찬양함. 8월 2일, 동북면 도안무사를 이지란이 대신함. 20일 병서 『사시수수도』를 편찬함. 9월 13일, 재정을 관리하는 판삼사사(종1품)에 임명됨. 11월 9일, 절제사들이 거느리고 있는 군사 중 뛰어난 자들을 골라 이들에게 〈진도(陣圖)〉를 가르칠 것을 건의하고, 3일 뒤 구정에 군사들을 모아 〈진도〉를 펴놓고 고각(鼓角)·기휘·진퇴의 방법을 훈련시킴.
1394 (태조 3) 53세	1월 27일, 판의흥삼군부사로서 병권을 장악하고 제독(祭纛, 깃발에 대한 제사) 행사를 지냄. 2월 29일, 판의흥삼군부사로서 병제 개혁에 관한 상소를 올림.

3월 3일, 국가 재정을 담당하는 판삼사사로서 경상·전라·양광 삼도도총제사에 임명되어 행정구역을 개편. 11일, 판삼사사로서 5군에게 〈진도〉를 강습함. 절제사로서 훈련에 불참하거나 명령을 어긴 자는 처벌하겠다는 교지를 내리게 함. 이달에 『조선경국전』을 편찬함.
4월 10일, 판삼사사로서 왕에게 매일 아침 정전(正殿)에 앉아 장상(將相)들과 더불어 군국사를 함께 논의할 것을 건의하여 윤허를 얻음(요동 정벌을 위한 비상체제).
5월, 「심기리」 3편을 지음.
6월 12일, 판삼사사로서 「역대부병시위지제」를 지어 바침(부위제의 폐단과 부병의 연혁사의를 그림을 곁들여 설명). 명나라로 사행을 떠난 이방원을 위해 「송시서」를 씀.
7월 10일, 판삼사사로서 음양산정도감에서 권중화, 성석린, 남은, 정총, 하륜, 이직, 이근, 이서, 서운관원과 더불어 지리도참에 관한 책들을 모아 참고, 산정함.
8월 12일, 판삼사사로서 무악(毋岳)으로의 천도를 반대하는 상소를 올리고, 음양술수설을 반박함.
9월 1일, 신도궁궐조성도감이 설치되자, 한양에 내려가 궁궐·관아·종묘·사직·시전·도로의 터 등 한양의 도시 설계도를 만들어 바침.
10월 25일, 한양으로 천도(28일에 도착).
11월 3일, 정도전, 조준, 남은 등이 병권과 정권을 가진 것에 대해 불만을 말한 변중량을 체포·구금함.
12월, 종묘와 궁궐의 기공식에 참석, 왕을 대신하여 제사를 지냄. 이해에 한양 건설을 찬양하는 「신도가」를 지음.

― 병제 개혁에 관한 상소를 올리고, 일원적인 군대 통수체계를 주장하여 왕자와 종친들의 미움을 사게 된다.
― 새 왕조의 헌법 초안인 『조선경국전』을 지었다. 이는 뒷날 『경국대전』의 편찬에 큰 영향을 미쳤다.
― 「역대부병시위지제」라는 군제 개혁안을 짓는 등 군사 문제에 관심을 갖는다.
― 신도 건설사업이 시작된 이후로 정도전은 이 사업을 주도하고, 도시 설계를 맡는다.
― 철학적『심기리』 저술: 불교, 도교, 유교를 각각 심, 기, 이로 표현하고, 불교와 도교의 약점을 상호 비판하도록 한 다음 유교가 불교와 도교의 잘못을 깨우쳐주는 방식으로 논리를 전개한다.

1395
(태조 4) 54세

1월 25일, 판삼사사로서 정총(정당문학)과 더불어 『고려사』 37권을 찬진함.
3월 13일, 세자이사로서 세자로 책봉된 방석에게 『맹자』를 강함.
6월 6일, 판삼사사로서 『경제문감』을 편찬함.
9월 19일, 궁궐과 종묘가 완공됨.
윤9월 13일, 판삼사사로서 인왕산, 백악산 등을 직접 답사하고 도성의 성터를 정함.
10월, 판삼사사로서 궁궐 여러 전각의 명칭을 지어서 바침. 경복궁, 근정전, 사정전, 교태전, 숭례문 등의 이름을 지음. 낙성된 경복궁에서 왕이 유종공종(儒宗功宗) 네 글자를 대서특필하여 내림. 이해에 이무가 전라도 관찰사로 임명되자 그를 위하여 「감사요약」을 지어줌.
12월, 새 궁궐로 이사.

- 「고려사」 편찬을 완수한다. 재상 중심 체제를 지향하는 정치의식 반영하여 재상은 모든 책임을 맡는 직책으로, "위로는 음양을 조화롭게 하고 아래로는 백성을 편안하게 하며 관직과 상벌이 시행되는 관문이자 교화와 정령이 나오는 곳이다."라는 석개보의 말로 재상의 임무를 언급한다. 재상이 옳고 그름을 잘 판단해서 상벌을 내려야 함을 강조한다. 특히 뒷날 김종서 등이 편찬한 「고려사절요」의 근간이 된다.
- 「경제문감」을 왕에게 바친다. 정도전 정치사상의 핵심인 재상 중심의 권력구조에 대한 의견이 피력돼 있다.

1396 (태조 5) 55세	3월, 판삼사사로서 과거시험 고시관[知貢擧]이 되어 최초로 유교 교육을 강화하기 위한 목적으로 초장에 경서를 논하는 과목을 넣음. 이후 관례가 됨. 4월 19일, 한성부 52방의 명칭을 지음. 6월 11일, 표전문 사건이 문제가 되자 명나라는 그를 표전문 찬자로 지목하여 그의 입조를 명함. 7월 19일, 나이가 55세인 데다 판삼사사로서 각기병이 있음을 이유로 들어 입조할 수 없음을 명에 통고하는 한편, 표문의 저자는 정탁임을 알림. 27일, 봉화백에 봉해짐. 명의 압력을 무마하기 위해 잠시 관직에서 물러남. 9월 24일, 도성 8대문의 이름을 지음. 11월 30일, 요동 정벌운동을 다그치기 위해 의흥삼군부에서 〈수수강무도〉에 의해 정기적으로 군사 훈련을 할 것을 왕에게 상소함. 12월, 일본의 일기도와 대마도를 치기 위해 병선을 출병시킴.
1397 (태조 6) 56세	3월 15일, 조준과 더불어 내관(內官)의 호를 세울 것을 청하여 정함. 봉화백으로서 초립을 하사받음. 4월 17일, 사은사가 가지고 온 명의 예부 자문 가운데 정도전을 '화(禍)의 근원'이라고 한 표현이 보임. 6월 14일, 판의흥삼군부사로서 다시 병권을 장악하고 요동 공격을 목적으로 〈진도〉 훈련에 박차를 가하고, 왕에게 출병을 요구하였으나 조준, 김사형 등이 이에 반대. 10월 6일, 병권을 잃고 봉화백으로 가례도감(嘉禮都監)의 제조가 됨. 새로 설치된 유비고(군수물자 관리)의 제조관이 됨. 역시 전쟁을 위한 준비를 함. 12월 12일, 봉화백으로 동북면도선무순찰사에 임명되어, 함경도 지방의 행정체제 정비 및 군사방어시설을 강화하는 사업을 실시. 이해에 「경제문감별집」, 「국초군영진적첩」을 저술. 「경제문감별집」은 그가 앞서 저술한 「경제문감」을 보완한 것으로 군주의 역할을 축소하고 재상 중심체제를 강조.
1398 (태조 7) 57세	2월 1일, 태조가 함길도에 사람을 보내 정도전의 노고를 치하하고, 음식과 의복을 하사. 16일, 함길도 경원부에 성을 쌓음. 3월 20일, 동북면도선무순찰사의 임무를 마치고 돌아옴. 왕은 그의 공이 윤관의 9성역보다 크다고 치하함. 정도전은 남은과 더불어 절제사를 혁파하고, 왕이 친히 군권을 장악할 것을 건의함. 이로부터 태조가 직접 군사 훈련을 주도함.

4월 20일, 봉화백으로서 권근과 더불어 성균관제조가 되어 현임 및 한량 4품 이하 유신과 삼관(三館) 유생들을 모아 경·사를 강습함. 26일, 한양과 그 인근 지역을 찬양하는 「신도팔경시」를 지음.
4~5월 16일, 이전 성균관제조로서 『불씨잡편』 19편을 저술하여 성리학 입국의 의지를 천명함.
윤5월 18일, 왕이 북량정에서 주연을 마련하고 정도전, 이지란, 설장수, 성석린 등을 불러 봉사(奉使)의 노고를 위로함. 왕이 내루에서 주연을 열어 봉화백 정도전, 남은 등과 술을 마시면서 개국의 일을 회상함. 28일, 국영목장인 양주목장에서 〈진도〉를 가지고 군사 훈련 실시. 다음 날도 훈련을 계속함.
절제사와 군사들을 사습케 하고, 사졸들에게 매질을 가하면서 독려함.
6월, 환관을 전라도와 경상도에 내려보내 〈진도〉 강습의 실태를 조사하게 함.
7월, 순군천호 김천익을 전라도와 경상도의 각 진(鎭)에 내려보내 〈진도〉에 통하지 못하는 첨절제사를 태형에 처함.
8월 1일, 왕이 헌사(憲司)로 하여금 〈진도〉를 익히지 않은 여러 왕자와 남은, 이무, 상·대장군 등을 문책하였으며, 4일, 역시 사헌부에서 〈진도〉를 익히지 않은 삼군절제사와 상대장군·군관 292명을 문책케 함.
9일, 〈진도〉를 익히지 않는 절제사와 군인들을 태(笞) 혹은 장(杖)을 때림. 남은, 이지란, 정사길, 이천우, 이화, 방간, 방과, 방의, 방원, 방번, 이양우 등은 용서함. 조준이 요동 공격 중지를 왕에게 건의하여 윤허를 받음. 26일 새벽 2시경 송현(松峴, 지금의 〈한국일보〉 부근)에 있는 남은 첩집에서 남은, 심효생, 이근, 장지화 등과 담소를 나누다가 이방원 병졸의 기습을 받아 방원에게 참수당함. 둘째아들은 정도전이 피살되던 날 살해되었고, 넷째아들 담(湛)은 집에서 자결함. 큰아들 진(津)은 마침 안변의 석왕사로 왕을 따라간 덕에 살아남아서 세종 때 형조판서에 올랐는데, 그 후손이 지금 평택에 살고 있음. 셋째아들 영(泳)의 손자 정문형은 후일 우의정에 오름. 정도전의 무덤이 어디에 있는지 확실하지 않으나 광주 사리현(지금의 양재역 부근)에 있다고 전함.

1791 (정조 15) 사후 393년	정도전의 학문을 재평가한 정조의 명으로 『삼봉집』에 빠진 글들을 수집하고, 편차를 재구성하여 더 완벽한 『삼봉집』을 간행함. 이것이 현재 널리 이용되는 『삼봉집』임. 정조 때 만든 목판은 현재 경기도 평택시 진위에 있으며, 지방문화재로 지정되어 있음.
1865 (고종 2) 사후 467년	9월 대원군이 경복궁을 중건하면서 대왕대비의 명으로 한양의 설계자인 정도전의 훈작(勳爵)을 회복시켜주고, 시호를 내려주도록 전교함.
1870 (고종 7) 사후 472년	문헌(文憲)이라는 시호와 함께 유종공종(儒宗功宗)이라는 편액을 하사함.
1872 (고종 9) 사후 474년	후손과 죽산부사 이헌경의 노력으로 경기도 양성현 산하리에 문헌사라는 사당을 지음.

| 1912 사후 514년 | 후손들이 사당을 현재 평택시 진위면 은산 2리로 옮김. 이 사당은 1930년 종가 터로 옮겨졌으며 1970년 증·개축되어 오늘에 이르고 있음. |

주석

참고문헌

| 주석 |

해제

1 『태조실록』 5년(1396) 7월 19일 기록에 '나이는 55세이고……'를 근거로 역산한 것이 1342년 설인데, 삼봉과의 교류 인물들인 둔촌 이집(李集), 운곡 원천석(元天錫), 정의(鄭義), 박의중(朴宜仲) 등 성균시 동년(同年)들과 비교하여 포은 정몽주와 동갑으로 추정한 1337년 설도 있다.

2 삼봉이라는 호의 유래와 관련해서 삼봉이 어릴 때 살았던 개경 부근의 삼각산(三角山)에서 차명했을 가능성과 단양의 삼봉에서 유래했을 가능성, 두 가지가 있다. 어느 지역이든 시 여러 편에서 그는 일관되게 삼각산을 옛집으로 그리워하고 있으며, 특히 유배 시기에 지은 시문에서 삼각산 옛집에 대한 향수가 강하게 묻어난다. 이렇게 보면 그가 삼각산에서 출생하여 유년기를 보낸 것은 틀림없다.

3 일부에서는 외조부가 영주 사족이자 산원 벼슬을 했기 때문에, 모계가 그동안 알려진 단양(丹陽) 우씨(禹氏)가 아니라 영주(榮州) 우씨(禹氏)라고 주장하면서 삼봉의 외조모 혈통에 대해 다른 주장을 제기하기도 한다.

4 주지하듯 이색과 삼봉은 조선 건국을 두고 갈라서게 되는데, 이방원에 의해 정몽주(鄭夢周)가 제거된 후 삼봉은 이숭인(李崇仁) 등을 귀양 보내면서, 고려 왕조를 지키려고 한 이색도 한주(韓州, 한산)로 추방한다.

5 유배 시절의 시문을 모은 것이 『금남잡영(錦南雜詠)』과 『금남잡제(錦南雜題)』인데, 모두 시련기의 고뇌를 표현한 작품들이다. 『금남잡영』과 『금남잡제』는 당시 향리

의 실상을 이해하는 연구 사료로서도 가치가 있다.
6 이때 이성계의 질서정연한 군대를 본 정도전은 이성계가 자신의 포부를 실현해줄 것으로 확신하고, 군영 앞에 있던 노송에 다음의 시를 남겼다고 한다.

    아득한 세월에 한 그루 소나무 蒼茫歲月一株松
    푸른 산 몇 만 겹 속에서 자랐구나 生長靑山幾萬重
    잘 있다가 다음에 다시 만나 볼 수 있을까 好在他年相見否
    세상을 굽어보며 묵은 자취를 남겼네 人間俯仰便陳蹤

7 『고려사』에 기록된 주된 탄핵 이유는 정치적인 것이 아니라, 대부분 그의 외가와 관련된 혈통 문제였다. 특히 정몽주 진영에서 "가풍이 부정(不正)하고 파계(派系)가 불명(不明)하다."든가, "천한 혈통으로[賤地] 몸을 일으켜[起身] 당사(堂司)의 지위에 몰래 앉아 많은 죄를 지었다."고 하는 등, 삼봉의 신분적 약점을 많이 거론하였다. 사실 신분 문제는 출사 당시부터 삼봉에게 상처가 되었다. 이에 삼봉은 이미 퇴직한 판삼사사(判三司事) 우현보(禹玄寶)를 유배시키고, 그의 세 아들(우홍수, 우홍명, 우홍득)에게 장형을 가해 죽음에 이르게 하였다.

8 이때까지만 해도 일반인들의 생각과 달리 이성계는 새 왕조 창건에 소극적이었다. 조영규에 의해 정몽주가 살해당하자 이성계는 개국의 걸림돌이 사라졌다고 기뻐하기보다는 오히려 이방원을 크게 꾸짖고 불쾌해했을 정도다. 세인들이 충신을 살해한 배후 인물로 자신을 지목할 것이 분명한데도 이런 점을 생각하지 못한 아들의 경솔함에 역정을 냈던 것이다.

9 인기리에 방영된 대하드라마 〈용의 눈물〉 등 일반적으로 사극에서는 삼봉과 방원을 연기하는 배우들의 나이가 비슷한 것처럼 분장하고 있지만, 사실 둘 사이의 나이 차는 스물다섯 살로 적지 않다. 개국의 원로대신들을 기병 몇 명과 병졸, 무장한 가노(家奴) 등 기껏해야 스무 명도 안 되는 인원을 동원해 습격한 방원의 과단성은 궁지에 몰린 당시 상황을 고려하더라도 그의 성정(性情)을 잘 보여준다.

10 유학 내부에서 동기주의와 결과주의적 공리주의 입장 간의 갈등은 단순히 도덕 행위를 평가하는 문제뿐만 아니라 정치적으로도 중요한 문제였다. 이에 대해서는 호이트 틸만, 김병환 옮김, 『주희의 사유세계-주자학의 패권』(교육과학사, 2010), 209~246쪽을 참조.

11 예를 들어 주자 연보를 분석해보면 주자 자신도 금나라에 대한 강경한 주전(主戰)론자였으나, 말년으로 갈수록 현실을 직시하고 더 이상 주화(主和)론자들을 비판하지 않았음을 알 수 있다. 재야학자로서의 강경한 주장이 현실과 맞지 않는다는 것을 스스로 깨달아가는 과정이었다고 할 수 있다.

12 『경제문감』은 재상·감사·대간·수령·무관의 직책을 차례로 논하고, 『경제문감별집』에서는 군주의 도리를 밝혔다. 그가 이상으로 생각하는 정치제도는 재상을 최고 실권자로 하여 권력과 직분이 분화된 합리적인 관료지배 체제였다. 그는 통치 행위의 중심이 인민의 복지 증진에 있어야 한다고 생각했다. 그래서 통치자가 민심을 잃었을 때에는 힘에 의해 교체될 수 있다는 맹자의 역성혁명(易姓革命)을 긍정했고, 실제로 이에 입각해 왕조 교체를 행하였다. 삼봉은 사농공상(士農工商)의 직업적 분별을 긍정하고, 선비를 지배층으로 생각하였다. 선비는 도덕가·철학자·기술학자·교육자·무인 등의 역할을 두루 겸비해야 하며, 사(士) 계층에서 능력 있는 관리가 충원되어야 한다고 주장하였다. 그러나 자신을 괴롭히는 혈통 문제 때문이었는지 적서(嫡庶)나 양천(良賤)과 같이 혈통에 의한 신분 차별을 주장하지는 않았다. 사실 조선 개국에 적극적이었던 하륜이나 정몽주를 격살하고 개국공신이 된 조영규 등 상당수가 적서의 문제로 시련을 겪었던 인물들이라는 사실은 기억되어야 한다. 삼봉이 살해당하던 날 하륜이 자객을 보내 연안 차씨 일가 70여 명을 모두 주살했던 불상사도 비록 두문동 72현인 중의 한 사람인 차원부(車原頯)가 삼봉과 관련된 인물이라는 명분을 내걸긴 했지만, 실상은 감추고 싶었던 자신의 혈통을 차씨 족보에 기재한 일에 대한 하륜의 사감(私感) 때문이었다.

13 그의 경세론은 주로 『조선경국전』(1394)·『경제문감』(1395)·『경제문감별집』(1397) 등에 제시되어 있다. 특히, 조선의 통치규범을 종합적으로 제시한 『조선경국전』은 『주례(周禮)』에서 재상 중심의 권력체계와 과거제도, 병농(兵農)일치의 군사제도를 빌려오고, 한당(漢唐)의 제도에서 부병제(府兵制)·군현제(郡縣制, 守令制)·부세제(賦稅制)·서리제(胥吏制) 등의 장점을 받아들였다. 법률적인 측면은 명나라의 『대명률(大明律)』을 차용했는데, 『대명률』은 다시 『한율(漢律)』에 근거하고 있다.

14 진덕수와 『대학연의』에 관해서는 15장에서 설명한다.

15 이하의 내용에 대해서는 한영우, 『왕조의 설계자 정도전』(지식산업사, 1999), 289~334쪽; 금장태, 「鄭道傳의 闢佛思想과 그 論理的 性格」, 『東喬閔泰植博士古稀論叢』, 6~24쪽을 참조.
16 4장에서 인용되고 있다. 80쪽 참조.
17 불교 연구자들의 이런 지적들에 대해서는 민순의, 「정도전과 권근의 불교 이해와 그 의의」, 《보조사상》 제30집(2008. 8); 한자경, 「정도전의 불교비판에 대한 비판적 고찰」, 《불교학연구》 제6호(2003. 6) 등을 참조.

서문

1 고문에서 천(天)이 언급되었을 때, 통상 '하늘'로 번역하지만 독자가 이를 단순히 '하늘'로 이해해서는 문맥의 원 맛을 느끼기가 어렵다. 여기서 천은 단순히 영어의 'sky'가 의미하는 물리적인 하늘이 아니라 도덕천(道德天)의 개념에 가까운 것으로 『성서』의 'Heaven'과 유사하다. 물론 『성서』적인 인격신의 개념은 제외하고 'Moral Heaven'의 뜻으로 파악해야 한다. 'Heaven' 혹은 'Moral Heaven'의 경우 그 정확한 의미가 무엇이든 간에 'sky'가 내포하지 못한 형이상학적 뜻을 담고 있다. 이런 의미에서 한자어 '天'을 단순히 우리말의 '하늘'로 번역하는 방식은 시대적인 차이와 문맥을 고려하지 않은 탈맥락적 이해 방식임으로 지양해야 한다. 서양철학이나 문화에 대한 이해가 있는 독자라면 '존재'를 의미하는 'Being' 혹은 'Sein'의 개념을 염두에 두면 도움이 될 수 있다.
2 원문의 '寒暑之往來(한서의 오고 감)'는 계절의 변화를 의미하는 것이기에 '계절의 순환'으로 옮긴다.
3 불교에서 말하는 수미산(須彌山)은 세계의 중앙에 있는데, 세상에서 가장 높은 산이고, 거기에는 많은 보물이 있다고 전해진다. 그런데 본문에서는 이와 달리 수다스럽고 고상한 말이라는 뜻에서 수미설(須彌說)이라고 표현했다.
4 엄격하게 말해서 음양오행은 이(理)가 아니라 기(氣)이지만 권근은 음양이 음양 되고, 오행이 오행 되는 소이연(所以然)을 포함하여 말하고 있다. 독자는 이를 오해하

면 안 된다. 음양과 음양 되는 까닭의 엄격한 구분은 송나라의 정이천에게서 비롯되었다.

5 여기 '오행' 앞에 일반적으로 '그러므로'라고 번역하는 '고(故)' 자가 원문에 있으나, 권근의 앞뒤 언급은 주장이나 논증이라기보다는 유가의 일반적 주장을 진술하고 있는 데 불과하다. 독자는 현대처럼 논증적 글쓰기에 익숙하지 않았던 선인(先人)들의 글쓰기 방식을 이해하고 독서해야 한다. 이하에서는 일일이 언급하지 않고, 이와 같은 점을 고려해서 번역한다.

6 유교의 음양오행처럼 불교에서도 세계를 구성하는 네 가지 요소를 말하는데, 사대(四大)라 불리는 지(地)·수(水)·화(火)·풍(風)이다.

7 본문 1장에서 다시 언급된다.

8 의학과 점을 치는 것을 함께 논의한다는 것이 현대의 독자에게는 생소할 것이다. 그러나 명학(命學)적인 것과 사람의 병을 치료하는 것은 조선시대까지도 같은 부류에 속하는 일종의 잡학이었다. 『불씨잡변』 본문에서도 삼봉은 명학적인 것과 병을 치료하는 의료 행위의 예를 동시에 들어 자신의 논지를 전개하는 경우가 있다. 예를 들어 본문의 2장이 그렇다.

9 여기서 심(心)은 불교, 기(氣)는 도가, 이(理)는 유학을 가리키고, 이 책의 주제는 유학의 입장에서 불교와 도가 사상의 문제를 비판하는 것이다.

10 원문은 '명교(名敎)'인데, 당연히 삼봉의 학문적 배경인 유학, 특히 성리학을 의미한다.

11 조선의 개국 군주 이성계를 가리킨다.

12 『맹자(孟子)』 「등문공(滕文公)」 하편을 보면, 맹자는 자신이 논쟁하기를 좋아하는 것이 아니라 유학의 도리를 지켜내기 위해 어쩔 수 없이 논변하는 것이라고 스스로를 변호한다. 여기서 자신은 우왕, 주공, 공자를 계승한다고 천명하고 있다.

13 맹자가 유학의 도를 지키고자[衛道主義] 양주의 개인주의적 자유방임주의와 묵자의 극단적 공동체주의를 비판하여 물리친 것을 말한다. 이런 점에 빗대어 권근은 삼봉이 맹자를 계승했다고 한다. 맹자 시대에 유학은 평천하(平天下)를 목표로 경쟁하는 당시의 여러 학파 중 하나였을 뿐이고, 사실 공자의 가르침은 묵자나 양주의 주장에 비해 당시 세간의 관심을 별로 끌지 못했다. 이때 당대 최고의 논객 중 한 명

으로 공자와 유학의 예악(禮樂) 문화를 힘껏 변론한 이가 맹자이다. 맹자가 논변에 능하고, 논쟁을 통해 상대를 제압하는 모습들은 『맹자』 전편에 잘 드러나 있다.
14 유학자인 권근이 쓴 글이기에 원문에서는 성리학의 완성에 공헌한 장재(張載)를 '장 선생님[張子]'이라고 하였는데, 독자의 이해를 위해 좀 더 친숙한 그의 이름으로 바꾸어 번역한다.
15 정몽(正蒙)의 글귀이다. 『근사록(近思錄)』 13권 「변이단(辨異端)」편에도 나온다. "獨立不懼, 精一自信, 有大過人之才, (何以正立其間, 與之較是非, 計得失哉)."

발문

1 경태(景泰)는 명나라 경종의 연호이다.
2 금라(金羅)는 함안군(咸安郡)의 이명(異名)이다.
3 윤기견(尹起畎, ?~?)은 조선 초기 문신으로 별명은 기묘(起畝), 본관은 함안(咸安)이다. 성종의 폐비 윤씨(尹氏)의 아버지로, 연산군의 외조부가 된다. 1439년(세종 21) 생원으로 문과에 급제, 1452년(문종 2) 집현전부교리로 춘추관기주관이 되어 『세종실록』, 『고려사절요』 편찬에 참여했고, 후에 직위가 지평을 거쳐 판봉상시사에 이르렀다. 그의 사후 1473년(성종 4)에 딸이 숙의(淑儀)에 봉해지고 연산군을 낳았다. 즉 윤기견은 역사의 한 페이지를 장식했던 폐비 윤씨의 친정아버지가 된다. 훗날 연산군이 즉위하여 부원군에 추봉되고 영의정에 추증되었으나, 1506년 중종반정으로 모두 삭직되었다.

01
불교의 윤회설을 논변함

1 "생생(生生)"은 "계속하여 낳고 또 낳는다."는 뜻이다. 『주역』에서 "낳고 또 낳는 것을 역이라 한다[生生之謂易]."고 하였다. 『주역』에서는 우주에서 생명이 지속됨을

최고의 가치 중 하나로 본다. 이런 『주역』의 세계관은 유가(儒家)의 '생명이 끊어지지 않고 지속됨[生生不已]'을 중시하는 가치관을 만들어냈다. 남녀의 혼인과 자식의 탄생, 그리고 자녀를 도덕적 존재로 길러내는 과정이 계속되어야 한다는 것이 유교가 지향하는 가치관 중 하나이다. 이런 가치관은 계승되어 송대 성리학의 특징을 잘 보여주는 『태극도설(太極圖說)』에서도 "이기(二氣, 음과 양)가 교감(交感)하여 사물을 화생(化生)하니, 만물이 생생(生生)함에 변화가 무궁하다[二氣交感 化生萬物 萬物生生 而變化無窮]"고 하여, 생명의 지속을 강조하였다. 여기서 『태극도설』을 언급하는 이유는 삼봉 사상의 근원이 되는 성리학의 근본 특징을 잘 보여주는 대표 저작 중 하나이기 때문이다. 바로 다음 문장도 『태극도설』의 글귀를 연상하게 할 정도로, 삼봉은 『불씨잡변』의 본문에서 『태극도설』과 유사한 내용을 자주 언급하고 있다.

2 태극(太極)은 존재의 시작점이라 할 수 있는 것으로 여기서는 우주의 근원을 의미한다. 유가 문헌 중 『주역(周易)』「계사(繫辭)」상에 "역에 태극이 있으니, 태극은 양의(陽儀)를 낳는다[易有太極 是生陽儀]."라고 한 데서 처음 출현한다. 일반적으로 유가의 용어로 알려졌으나, 장자 등 도가 문헌에서도 보이는데, 장자의 용례는 시기적으로 「계사전」의 형성 시기보다 앞선다. 이렇게 보면 『주역』 특히 「십익(十翼)」편의 형성과 도가 사상과의 관련에 대해서 생각해봐야 하고, 이에 대해서는 전통적으로 몇 가지 입장이 존재한다. 예를 들어 세계적으로 도가 사상 연구 분야에서 가장 영향력 있는 저널이라 할 수 있는 《도가문화연구(道家文化研究)》를 출판하고, 이 분야에서 일가를 이룬 진고응 선생처럼 『주역』을 도가적 전통의 문헌으로 보는 입장은 이미 근대 이전에도 제기되었던 주장이다.

3 오행(五行)은 천지간에서 만물의 재료가 되는 다섯 가지 원기(元氣), 즉 수(水), 화(火), 목(木), 금(金), 토(土)를 말한다. 『태극도설』에서도 "양이 변하고 음이 합하여 수화목금토를 생성하고⋯⋯ 오행은 하나의 음양이요[陽變陰合 而生水火木金土⋯⋯ 伍行一陰陽]"라고 하였다. 한자문화권의 선인들은 음양과 오행을 우주 창생의 질료적 요소로 여겼다. 오행의 상생(相生) 관계는 목 → 화 → 토 → 금 → 수로, 상극(相剋) 관계는 목 → 토 → 수 → 화 → 금으로 진행된다.

4 무극(無極)은 선진 유가문헌에서는 언급되지 않았다. 주돈이의 『태극도설』에서 "무극이면서 태극이다⋯⋯ 무극의 참됨과 음양오행의 정기가 묘하게 합하고 엉

겨서……[無極而太極…… 無極之眞 二五之精 妙合而凝……]"라고 언급한 이래, 주희와 육상산(陸象山) 간의 논쟁을 통해 유가의 중심 개념어로 자리 잡았다. 주희는 『태극도설』을 유학의 비전(秘傳)을 담고 있는 중요한 자료로 여겨 극히 중시했다. 송대에 "무극이태극(無極而太極)"이라는 구절을 둘러싼 주희와 육상산 간의 논쟁은 잘 알려진 바와 같고, 이는 조선의 이언적(李彦迪)과 조한보(曺漢輔) 사이에 있었던 태극 논변의 시원이 된다. 주희의 입장은 철학적 해석학의 입장이었으며 이 구절을 '무극이면서 태극'으로 해석했다. 상산은 알려진 것과 다르게 주희보다 더 전통적인 주석에 충실했고, 태극 위에 무극을 언급하는 것은 불필요한 일이라고 주장했다. 조선 유학의 시원을 이룬 인물 중 한 명인 회재(晦齋) 이언적은 태극 논변에서 주희의 입장을 충실히 계승했다. 반면에 성균관 학생 데모 주동자로 퇴출당해 낙향하여 은둔하였던 조한보는 노장과 불교사상의 영향을 받은 유생이었다. 이런 그의 사상적 경향 때문에 태극 논변에서 회재는 연장자인 조한보를 거의 일방적으로 질책하였다. 동아시아 유교 문화적 전통에서 가장 철학적 논쟁이라 할 수 있는 이 논변에 대해서는 이 분야 전문가들의 연구 성과물이 적지 않다. 예를 들어 束景南, 『朱子大傳』(泉州: 福建教育出版社, 1992년); 『논쟁으로 보는 한국철학』(예문, 2003) 등을 참조.

5 천지의 생명 창생 운동에는 쉼이 없다는 뜻. 앞의 주 1 참조.

6 불교에서 3계[三界, 욕계(欲界)·색계(色界)·무색계(無色界)], 6도[六道, 지옥(地獄)·아귀(餓鬼)·축생(畜生)·아수라(阿修羅)·인간(人間)·천상(天上)]에서 중생들이 죽었다가 태어나고, 태어났다가 죽는 생사를 반복하는 것이 마치 수레바퀴가 계속 돌아가는 것과 같다고 해서 '윤회'라고 번역하였다. 원어는 Saṃsāra로 'continuous flow'를 의미한다.

7 "原始反終 故知死生之說"은 「계사」 상의 구절로, 우주의 시작부터 마지막까지 관조해보면 생사의 이치를 알 수 있다는 뜻이다.

8 "精氣爲物 游魂爲變"은 「계사」 상의 구절이다. 일반적으로 정은 땅에서, 기는 하늘에서 온 것으로 본다. 혼은 사후에 하늘로 올라가고 백은 땅으로 돌아간다. 그래서 기와 혼이 양(陽)으로, 정과 백은 음(陰)으로 풀이된다. 우리가 흔히 사용하는 정신(精神)이나 귀신(鬼神)이라는 용어도 음양으로 나누어보면, 정과 귀는 음에, 신은

양에 각각 해당한다. 이를 일목요연하게 표로 정리해보면 다음과 같다.

음(陰)	양(陽)
정(精)	기(氣)
정(精)	신(神)
귀(鬼)	신(神)
백(魄)	혼(魂)
지(地)	천(天)

9 북송의 주돈이가 태극(太極) 혹은 무극을 우주의 시작으로 간주하였다면, 장재(張載) 같은 기론자는 태허(太虛)를 우주의 근본 모습으로 생각했다. 삼봉에게는 태극이나 태허(太虛) 둘 다 상당히 친근한 용어이겠지만, 성리학의 전개 과정 속에서는 각각 주리(主理)적 입장과 주기(主氣)적 입장을 대표하는 용어로 사용되기도 한다.

10 명백하게 『태극도설』의 "[惟人也得其秀而最靈] 形旣生矣 神發知矣"구절을 인용한 것이다. 『불씨잡변』 전체를 살펴보면 삼봉이 주돈이의 『태극도설』을 거의 암기하고 있었던 듯하고, 『통서(通書)』의 내용도 잘 알고 있었던 것 같다.

11 사람이 살아 있을 때는 혼과 백이 결합되어 있다는 뜻이다.

12 일반적으로 '敦'으로 알려져 있으나, 그의 사후 바로 만들어진 묘지명에 의하면 '惇'이 맞다. '敦'과 '惇'은 발음이나 의미가 유사해서 이미 송대에 혼란이 생겼다.

13 유사한 지적이 이미 여러 연구자에 의해서 언급되었다. 예를 들어, 한자경, 「정도전의 불교비판에 대한 비판적 고찰」, 《불교학연구》 제6호(2003. 6), 83~85쪽 참조.

14 물론 언제까지 기가 유지되는 것일까 하는 문제는 유학의 난제였다. 왕실은 다르지만 일반적으로 4대(代)까지 제사를 지내는 풍습에서 그 일단을 볼 수 있는데, 그렇다면 그 이전 조상의 기는 완전히 소멸한 것인가? 어느 시점을 소멸의 기준으로 봐야 할까? 등은 여전히 해명을 요하는 문제다.

02
불교의 인과설을 논변함

1 업[業, karma]에 대한 가장 보편적인 오해는 업의 주체가 되는 영혼이 있어야 한다는 생각이다. 하지만 업의 주체가 영혼이라면, 서양 특히 기독교적 영혼관과 아주 유사해져서 영혼과 같은 실체를 인정하지 않는 불교의 근본 가르침에 위배된다. 일부 불신도들에게는 안된 얘기지만, 불교에서는 불변하는 영혼의 존재를 인정하지 않는다. 그렇다면 불교에서 강조하는 윤회의 주체는 무엇인가? 이 문제가 초기 가르침에서 가장 이해하기 난해한 부분이다. 초기 경전에 의하면 업력을 매개로 한 윤회를 주장하지만, 윤회의 주체가 되는 영혼 같은 존재를 설정하지 않고 윤회를 사람들이 납득하도록 설명하기에는 아무래도 무리가 있다.
2 문법적으로야 문미가 '있겠는가?'로 끝나야 되지만 이런 문투는 지나치게 고투라 평소문으로 바꾼다.
3 "參差不齊"은 『시경(詩經)』「국풍(國風)」 '주남(周南)'의 첫 시인 「관저(關雎)」에 나오는 표현으로 황하에 떠다니는 수초의 가지런하지 못한 모양을 형용한다. 즉 우연에 의해 수초의 모양이 가지런하지 않게 생겨나듯이 만물의 편차도 기의 응결 시 우연적으로 발생한다는 의미이다. 여기서는 자연에서 인간과 동물의 차이, 그리고 인간과 동물계 안에서 고르지 못한 차이가 왜 발생하는지 그 이유를 설명해주기 위해서 인용되었다. 즉, 만물은 음양오행의 결합과 변화로 생성되는데, 그 와중에서 고르지 못한 차이가 발생한다는 뜻이다.
4 사람도 맑은 기를 받은 자는 지혜롭고, 탁한 기를 받은 자는 어리석으며, 사물 중에도 봉황처럼 신령스럽거나 이리같이 독살스러운 동물이 있고, 월계수처럼 상서롭거나 씀바귀처럼 쓴 풀이 있는 것은 창조주나 조물주의 의지나 의도에 의해서 그렇게 된 것이 아니라는 뜻이다. 예를 들어 불교에서도 부처는 불교사상의 근본인 사성제를 설명할 때에 부모 자식 간의 사랑을 포함하여 삶의 모든 면을 고통[苦, duḥkha]이라고 단정 짓는다. 그 이유를 설명하면서 인간의 삶 그 자체가 그런 것이지 어떤 궁극적인 존재에 의해서 우리가 고통스럽게 살아가라고 운명 지워졌기 때문이 아니라고 강조한다. 이런 점이 기독교적 창조주를 설정하지 않은 종파나 학파

의 특징인데, 유학도 마찬가지이고 삼봉은 지금 바로 그 점을 말하는 것이다. 우리 모두가 죄인이라는 원죄설을 강조하는 기독교의 논리와 비교해보면 쉽게 파악된다.

5 "乾道變化, 各定性命"

6 오행설과 우리 몸의 오장(五臟)이 각각 대응한다는 것이 한의학의 근본 전제 중 하나이다. 간은 나무, 폐는 쇠, 심장은 화, 신장은 물, 비장은 흙의 기운을 대표한다. 이것은 다시 오상(五常)과 방위에 각각 대응한다. 이를 도표로 나타내면 다음과 같다.

오상(五常)	오장(五臟)	오행(五行)	방위(方位)
인	간	목	동
의	폐	금	서
예	심장	화	남
지	신장	수	북
신	비장	토	중앙

7 불교의 인과설을 술이 숙성되는 과정에 비유해서 설명하는 것은 적합한 예라 하기 어렵다.

8 장재의 원문 표현은 "變化氣質"이다.

9 출전은 『중용』 22장임.

10 조선 초에 기화(己和)는 『현정론(顯正論)』을 저술하여 윤회설의 도덕적 의미를 강조했다.

03
마음과 본성에 대한 불교 이론을 논변함

1 주자의 『대학집주』에서 언급된 이래로 심(心)에 대해 논할 때면, 여러 전적에서 인용되는 문구다.

2 장재의 '심통성정설(心統性情說)'을 가리킨다.

3 『능엄경』에서는 삼봉의 주장처럼 밝음[明]과 원만함[圓]을 구분하여 설명하지 않는다. 또, 마음과 성을 구분하려고 하지도 않는다. 마음은 곧 성으로, 위에서 언급한 것처럼 미망에 빠져 있으면 즉 마음이요, 깨달으면 즉 성이다. 『능엄경』에서 명

심(明心)과 묘성(妙性)은 본묘(本妙)를 설명하기 위해 같은 맥락으로 사용되고 있다. 더구나 여기서 삼봉은 원문을 "圓妙明心, 明妙圓性"으로 인용하고 있지만, 『능엄경』에는 "圓妙明心, 寶明妙性"으로 되어 있다. 즉, 원문 인용에도 잘못이 있는데, 이에 대해서는 해설을 참조할 것.

4 보조국사(普照國師, 1158~1210) 지눌(知訥)의 호는 목우자(牧牛子)이고, 보조는 그의 시호이다. 돈오점수(頓悟漸修)를 주장하여 우리나라 선종의 발달에 큰 영향을 미친 인물이다. 현대에 이르러 성철 스님이 그의 돈오점수설을 비판하여 한국 불교계에 큰 파문이 일었다.

5 여기서 삼봉은 "마음 밖에 부처가 없고, 본성 밖에 법(法)이 없다(心外無佛, 性外無法)"고 인용하고 있는데, 『수심결(修心訣)』의 원문은 이와 달리 "마음 밖에 부처가 있다고 생각하고, 본성 밖에 진리가 있다고 생각하는 이들은 깨달음을 구하여도 얻지 못할 것"이라고 하고 있다. 즉, 『수심결』 원문의 부정적 맥락을 삼봉이 긍정적 맥락으로 바꾸어 사용하고 있음을 파악해야 하는데, 이에 대해서는 본 장의 해설을 참조할 것.

6 주희의 말이다. "方寸之間 虛靈不昧 具衆理應萬事"

7 '공적(空寂)'은 모든 분별심과 번뇌가 사라진 부처의 마음이며, '영지(靈智)'란 이러한 흔들림 없는 마음에서 일어나는 부처님의 신령스러운 지혜를 말한다. 예를 들어 『수심결』을 보면 공적영지를 다음과 같이 질문에 대해 답하는 형식으로 설명하고 있다.

물었다. "저의 입장에서 본다면 어떤 것이 공적(空寂)하고 신령스럽게 아는 영지(靈知)의 마음입니까?" 대답했다. "그대가 지금 나에게 묻는 그것이 바로 그대의 공적하고 신령스럽게 아는 마음이다. 어째서 [이를] 돌이켜 비추지 않고 밖에서 찾는가. 내가 지금 그대의 입장에서 바로 본심을 가리켜 그대를 깨닫게 할 것이니, 그대는 마음을 깨끗이 하고 [내 말을 잘 들어라]."
問據吾分上 何者是空寂靈知之心耶 答汝今問我者 是汝空寂靈知之心 何不返照 猶爲外覓 我今據汝分上 直指本心 令汝便悟 汝須淨心

요컨대 텅 비고 고요하면서도 신령스럽게 모든 것을 아는 것이 바로 본래 우리의 마음이라는 것이다.
8 이 말은 뒤 14장에서 다시 보이는데, 유교와 불교의 차이를 설명하는 14장에서 좀 더 구체화된다. 이와 유사한 표현이 『주자어류(朱子語類)』에 이미 나온다. "석씨는 허하고, 우리 유학은 실하다. 석씨는 둘이고, 우리 유학은 하나다. 석씨는 사리를 중요하다고 생각하지 않았고, 그래서 사리를 이해하지 못했다[釋氏虛 吾儒實 釋氏二 吾儒一 釋氏以事理爲不緊要而不理會]." 이런 구절들은 『주자어류』「석씨」편에 적지 않게 보인다.
9 "雖說心與理一 不察乎氣稟物欲之私 是見得不眞 故有此病", 『주자어류』 126권 34조.
10 송재운, 「삼봉 정도전과 함허당의 유불론-특히 윤리적 관점을 중심으로」, 《윤리연구》 제37호(1997. 12), 22쪽.
11 한자경, 「정도전의 불교비판에 대한 비판적 고찰」, 《불교학연구》 제6호(2003. 6), 87쪽.
12 현대 신유가 중 한 명인 모종삼은 이 점을 주희철학의 문제점이라고 강하게 비판한다.

04
작용을 본성이라 여기는 불교 이론을 논변함

1 이름은 방온(龐蘊, ?~808)으로 당나라 때의 승려거사다. 당나라 형주(衡州) 형양(衡陽) 사람으로 자는 도현(道玄)이다.
2 【안: 방거사의 게송은 다음과 같다. "날마다 하는 일이 별다르지 않으니, 내 스스로 할 일을 하는 것이네. 매사에서 취할 것은 취하고 버릴 것은 버리지만, 곳곳에서 어긋나지도 말아야 하네. 먹을 물과 땔감을 나르는 것이 바로 신묘한 작용이네."】
3 『태극도설』의 구절로 1장에서 인용되었다.
4 춘추 시대 사람으로 성은 희(姬)이고, 이름은 계자(季子)이다. 『좌전(左傳)』에 보면 "民受天地之中以生 所謂命也 是以有動作禮義威儀之則 以定命也 [能者養以之福 不能

者敗以取禍]"이라 하였다. 출전은 成公十三年임.
5 주희는 이처럼 행위를 규제하는 이치의 필요성을 역설한다. 이에 대해서는 본 장의 해설을 참조할 것.
6 형이상(形而上)과 형이하(形以下)는 『주역』에 언급된 것으로 각각 도(道)와 기(器)를 가리킨다. 형이상(形而上)은 글자 그대로 '형체 이상의 것'을 의미한다. 즉, 우리 몸의 감각으로 이해될 수 없는 것이니, 형이상(形而上)이라 표현한다. 문제는 형이하(形以下)인데, 형이하는 감각 경험의 대상을 의미한다. 그런데 글자 그대로 번역하면 '형체 이하의 것'이라는 의미가 된다. 형체가 있으면 감각 경험의 대상이 되는데, '형체 이하의 것'은 구체적으로 무엇을 가리키는지 분명하게 설명하기가 어렵다. 여기서는 혼란을 피하기 위해 기존 번역대로 형이상(形而上), 형이하(形而下)를 그대로 사용한다.
7 민순의, 「정도전과 권근의 불교 이해와 그 의의」, 《보조사상》 제30집(2008. 8), 104쪽.
8 화엄학을 이해하는 독자라면, 사사무애(事事無碍)의 정신을 생각하라!

05
불교의 마음과 마음의 흔적에 대해 논변함

1 여기서 오전(五典)은 사람으로서 지켜야 할 다섯 가지 도리를 말한다. 곧 부자유친(父子有親), 군신유의(君臣有義), 부부유별(夫婦有別), 장유유서(長幼有序), 붕우유신(朋友有信)으로 오상(五常)이라고도 한다.
2 일반적으로 어린아이로 번역하지만 맹자가 말하는 유자(孺子)는 아직 제대로 걷지 못하는 젖먹이 아이를 가리킨다. 그러므로 어린아이라기보다는 젖먹이 아이라 하는 것이 맹자의 원의에 더 들어맞는다. 당시 나이로는 두 살 정도였을 것으로 추정하는데, 요즘이야 영양 상태가 좋아서 돌 전에 이미 걷기도 하지만, 열악한 사회 환경을 생각하면 당시에는 힘들었을 것이다. 우물가로 엉금엉금 기어간다고 했을 때의 우물도 우리가 생각하는 일반적인 우물이라고 이해해서는 안 된다. 우리가 고전

을 읽을 때 이런 세세해 보이는 부분까지 충분히 고려하지 않으면 문맥을 잘못 이해하는 경우가 빈번히 생긴다. 심지어 요즘 인터넷에는 유자입정(孺子入井)을 젖먹이 혹은 어린아이라고 하니까 젖 유(乳)를 쓰는 경우나 어릴 유(幼)로 표기하는 경우도 있다. 필자도 평생교육의 일환으로 제공하는 문화원 강좌에서 한문에 자신 있어하는 어떤 노인장으로부터 젖 유가 맞다고 주장하는 난감한 일을 강의 중에 경험했다. 『맹자』 14편 전체에서 '孺子入井'은 오직 한 번 나오고 맹자 심성학의 핵심을 이루는 부분인데, 자의적으로 해석하는 것은 위험한 일이다.

3 마음이 드러난 것, 즉 마음의 흔적이라는 뜻이다.
4 정이천을 가리킨다.
5 "敬以直內, 義以方外"는 『주역』의 곤괘(坤卦) 「문언전(文言傳)」에 나오는 문장으로, '군자(君子)는 경(敬)으로써 안을 바르게 하며, 의(義)로써 행동거지를 바르게 한다.'는 뜻이다. 퇴계의 거경(居敬)에서 보듯이 경은 조선 유학의 핵심 사상이었고, 이는 소수서원의 교훈이자 학문의 목표이기도 하였다.
6 다음 6장에서 다시 언급된다.
7 왕통(王通, 584~617)은 수나라 강주(絳州) 용문(龍門) 사람이다. 자는 중엄(仲淹), 시호는 문중자(文中子)로, 유명한 당나라 왕발(王勃)의 조부이다. 하분(河汾) 지역에서 제자를 가르치는 것을 업으로 삼았는데, 제자가 수천 명에 이르러 하분문하(河汾門下)라는 말이 생겼을 정도다. 양제(煬帝)로부터 부름을 받았지만 응하지 않고, 『문중자(文中子)』를 저술했는데, 그의 이론이 유학자들에게는 환영을 받지 못했다. 그래서 삼봉이 부정적 맥락으로 언급한 것이다.

06
불교가 도道와 기器를 구분하지 못하는 것에 대해 논변함

1 "道之大原 出於天 天不變 道亦不變" 유학자들에게는 너무 친근한 표현이라 삼봉이 인용 기호 없이 쓴 것 같다. 그런데 논리적 문제에도 불구하고, 이 구절을 도 이외에 하늘이라는 또 다른 궁극 존재가 있다고 해석하지 않는 게 좋다. 마치 『노자』에

서 "도는 스스로 그러함을 본받는다[道法自然]"고 하였지만 여기서 '自然'이 바로 도이지 도 위에 자연이라는 상위 개념을 두어서는 노자학을 온전하게 이해하는 데 문제가 생기는 것과 유사하다.
2 『맹자』와 『중용』의 본성론, 그리고 양명학의 만물일체를 생각나게 한다.
3 【안: 이 한 단(段)은 『반야경(般若經)』에서 나왔는데, "눈앞에는 법이 없으니, 눈에 부딪히는 것은 모두가 그러하다. 오직 이와 같은 것을 안다면 곧 여래를 보는 것이다."라는 말이다.】
4 여래(如來)에 도를, 상(相)에 기(器)를 대응시키고 있음을 알 수 있다.

07
불교가 인륜을 훼손하는 것에 대해 논변함

1 이 장의 대부분은 정명도의 말을 인용하는 것으로써 자신의 생각을 표현하고 있다. 현자(賢者)의 글을 인용해 자신의 생각을 주장하는 것은 과거 선인들이 애용하던 학문 방법이었다. 자신의 생각을 논증적으로 주장하는 오늘날의 글쓰기 방식과는 방법론적으로 분명 차이가 있지만, 단순히 남의 글을 인용하는 데 그치는 것으로 오해해서는 안 된다. 예를 들어 일본인들이 퇴계의 학문을 주자와 비슷하다면서 의양(依樣)의 맛이 강하다고 평한 것은 창의성이 없다는 뜻으로 폄훼하려는 의도가 있다. 하지만 당시 선인의 가르침을 본받고, 이를 준수할 것을 강조하는 사회적 분위기에서 학자라고 하더라도 완전히 자유로울 수 없었음을 고려해야 한다. 퇴계는 고봉과의 논쟁에서도 현인(賢人)의 글로 각각의 주장을 대체함이 어떤가를 제안할 정도였다. 물론 우리는 이런 기풍이 사회적으로 권위주의적 가치관이 더 유행하게 되는 병폐의 한 원인이었다는 것도 직시해야 한다.
2 【안】 사대(四大)는 수상행식이다. 삼봉 스스로 이 부분에서 주를 달아 "按四大受想行識"이라 하였으니 여기서 말하는 사대는 감각 경험[受], 개념[想], 의지[行], 의식[識]이다. 불교에서 수(受)·상(想)·행(行)·식(識)은 원래 색(色)을 포함한 오온(五蘊) 중의 네 가지이고, 사대는 사람의 몸을 구성하는 네 가지 요소로 지(地)·수

(水)·화(火)·풍(風)을 말한다. 여기서는 인륜과 자기 몸을 버린다는 뜻으로 보는 것이 타당하다.
3 『논어』『술이』편, 저술한 것이지 창작한 것이 아니라는 말로 저술에 대한 겸양을 나타내는 말이다.

08
불교의 자비설을 논변함

1 "天地以生物爲心, 而人得天地生物之心以生"은 주희의 『인설(仁說)』 첫 구절이다.
2 『맹자』「진심」 상에 보이는 '친친(親親)한 뒤에 인민(仁民)하고, 인민한 뒤에 애물(愛物)한다[親親而仁民 仁民而愛物]'는 유가적 사랑의 실천 순서를 천명한 구절이다.
3 원문은 "물(物)", 즉 사물이지만 그 뒤에 나오는 예가 살아 있는 생물이므로 여기서는 동물이라고 옮긴다. 불교는 종국에 청산의 푸르름이나 물 흐르는 소리까지도 부처의 장광설이라고 하므로, 삼봉처럼 사물이라고 해도 문제는 없다. 다만 뒤 구절에서 동물을 예로 들고 있으므로, 이에 준하여 번역한다.
4 묵가의 겸애설에 비유된다. 맹자의 묵가 비판을 상기하자.
5 원문은 천(天)이지만 문맥상 천리(天理)로 옮긴다.

09
참된 것과 허망한 것에 대한 불교의 주장을 논변함

1 【안: 이 글은 『원각경(圓覺經)』에서 인용했다. 『원각경』은 "중생들의 업식(業識)으로서는 자신의 몸 안에 여래의 원각묘심이 있는지 모른다. 만일 참된 지혜로써 현상의 작용[用]을 비추어보면 세계[法界]의 허망함은 허공에 피었다 사라지는 신기루 꽃과 같고, 중생의 망상은 물에 비친 달과 같다. 묘심(妙心)은 본래의 달이고, 물에 비친 달은 달의 그림자이다."라고 말한다.】

2 삼계(三界)인 욕계(欲界)·색계(色界)·무색계(無色界)의 일체는 모두 다 번뇌를 함유하므로 유루(有漏)라 한다. 누(漏)라는 것은 번뇌의 이명(異名)이다. 번뇌가 없다는 뜻의 무루(無漏)의 상대어이다.

3 미진국(微塵國)은 세계미진(世界微塵)을 가리킨다. 미세한 티끌로 이루어진 나라라는 뜻으로, 삶을 비롯한 세계의 모든 것이 티끌의 인과에 의해서 형성되었다고 보는 것이다.

4 『주역』「역전」"太極生兩儀, 兩儀生四象, 四象生八卦."

5 부처의 생졸 연대에 대해서는 부처의 생을 치밀하게 연구한 전문가 사이에서도 편차가 있다. 국내 불교 교단에서 따르고 있는 불기(佛紀)는 세계불교도대회에서 정한 것으로 생졸을 기원전 624~544년으로 여겨, 80세에 열반했다고 본다. 하지만 다수의 북방 불교 학자들은 부처의 생졸을 기원전 563~483년이라고 본다. 이 외 기원전 565년~485년 설, 기원전 463년~383년 설 등이 있다. 대부분이 세수를 80세로 보았지만, 100세로 잡는 전문가도 있을 정도로 다양한 주장이 있다.

6 여기서 기(璣)와 형(衡)은 혼천의(渾天儀)를 가리킨다. 천체(天體)가 아무리 커도, 그 움직임은 일정하므로 혼천의 같은 관측기구를 사용하여 관측 가능하다는 뜻이다.

7 지구와 달의 운동에서 달과 태양이 같은 방향에 있을 때를 '삭'이라 하며, 달과 태양이 지구를 중심으로 반대 방향에 있을 때를 '망'이라 한다. 달이 삭으로부터 다음 삭에 도달하기까지 또는 망으로부터 다음 망에 도달하기까지의 평균 길이가 약 29일인데, 이를 '삭망월'이라고 한다. 즉, 삭망월은 달의 모양을 기준으로 한 달의 공전 주기이다.

8 출전은 『맹자』「이루」하.

10

불교의 지옥설을 논변함

1 스님이라고 해야겠지만, 삼봉이 불교를 비판하는 논조로 말하는 것임으로 중이라 번역한다.

2 시왕 혹은 십왕, 십대왕이라고도 한다. 곧 저승에 있다는 진광대왕(秦廣大王), 초강대왕(初江大王), 송제대왕(宋帝大王), 오관대왕(伍官大王), 염라대왕(閻羅大王), 변성대왕(變成大王), 태산대왕(泰山大王), 평등대왕(平等大王), 도시대왕(都市大王), 오도대왕(五道大王), 전륜대왕(轉輪大王)을 일컫는다.

3 유가의 주류가 도덕적 동기주의 입장이라는 것을 생각해보면 이런 공리적인 결과주의적 입장에 대해서 일반 유학자들이 비판적 입장을 견지했다는 것은 어렵지 않게 추측할 수 있다. 이런 문제에 대해서 현대어로 최초로 논한 중요 저작에는 Hoyt Tillman, *Utilitarian Confucianism*(Harvard University Press, 1984)이 있다. 이 책은 틸만 교수의 하버드대학교 박사학위 논문을 출판한 것이므로 그 중요 아이디어는 시기적으로 그 전에 이미 구상되었음을 알 수 있다.

4 당시 수세에 몰렸던 불교계의 입장을 대변하여 삼봉 이후에 기화(己和)가 제기하였던 요점 중 하나인데, 삼봉 같은 유학자의 응대는 항상 위와 같다. 흔히 삼봉과 기화의 입장을 가리켜 조선 초기의 유불(儒佛) 논쟁이라고 정리한다.

5 유학 내부의 동기주의와 공리주의 문제를 처음으로 다룬 글은 호이트 틸만 교수의 하버드대학교 박사학위 논문이다. 후에 하버드대학교 출판부에서 *Utilitarian Confucianism: Ch'en Liang's Challenge to Chu Hsi*(Massachusetts: Harvard University Press, 1984)라는 제목으로 출판되었다. 국내외를 막론하고 이와 관련한 논의는 대부분 이 책에 기대고 있는 듯하다. 역자는 이 책의 한국어 판권을 양도받아 초역을 끝내고 출간을 준비 중이다. 호이트 틸만, 김병환 옮김, 『주희의 사유세계-주자학의 패권』(교육과학사, 2010), 209~246쪽에서도 그 대강을 엿볼 수 있다.

11
불교의 화복설을 논변함

1 『논어』「팔일」, "獲罪於天, 無所禱也."
2 『맹자』「이루」하, "君子有終身之憂, 無一朝之患."
3 사면을 베풀 수 없는 큰 죄 열 가지를 말한다. 즉, 모반(謀反), 모대역(謀大逆), 모

반(謀叛), 악역(惡逆), 부도(不道), 대불경(大不敬), 불효(不孝), 불목(不睦), 불의(不義), 내란(內亂)이다. 불교에서는 열 가지 악업을 의미한다. 살생(殺生), 투도(偸盜), 사음(邪淫), 망어(妄語), 양설(兩舌), 악구(惡口), 기어(綺語), 탐욕(貪慾), 진에(瞋恚), 사견(邪見) 혹은 우치(愚癡)이다.
4 18장의 주제이기도 하다.

12
불교의 걸식행위를 논변함

1 『서경(書經)』「홍범(洪範)」편은 팔정(八政)을 다음처럼 설명한다. "나라를 다스리는 데 필요한 여덟 가지 정사(政事)는 첫째로 먹는 것, 둘째로 물품 관리, 셋째로 제사 지내는 것, 넷째로 농업, 다섯째로 교육, 여섯째로 치안, 일곱째로 외교, 여덟째로 국방의 일이다[八政 一曰食 二曰貨 三曰祀 四曰司空 伍曰司徒 六曰司寇 七曰賓 八曰師]."
2 여기서 오교(五敎)는 오상(五常), 곧 부자·군신·부부·장유·붕우의 관계에 대한 가르침을 뜻한다.
3 『논어』「안연」편에 나온다. "자공이 정치에 대해 물으니, 공자가 말했다. '풍족한 식량, 충분한 군사력, 그리고 백성들의 신임을 획득하는 것이다.' '부득이 버려야 할 경우 이 셋 중에서 무엇을 먼저 버려야 합니까?' '군대를 버려야 한다.' '부득이 버려야 할 경우 나머지 둘 중에서 무엇을 먼저 버려야 합니까?' '식량을 버려야 한다. 자고로 사람은 모두 죽는다. 그러나 백성의 신뢰[信]가 없으면 국가가 존립할 수 없다.'"
4 유가에서는 군자와 소인의 사회적 분업을 강조하는데, 이것이 바로 군자와 소인의 사회 분업론(分業論)이다. 예를 들어 현대적 의미에서 육체노동자[勞力者]와 정신노동자[勞心者]가 각각 맡은 사회적 소임이 다르다고 맹자는 분명하게 주장한다. 제자의 왜 선생님은 일을 하지 않고 살아가시는가에 대한 질문에 질책하듯 답한 맹자의 입장을 상기해봐야 한다. 봉록을 받는 것이 농사짓는 일을 대신할 수 있다는 믿음도 맹자에서 분명하게 피력된다.

5 정도전은 스스로 주를 달아 【안: 사위성(舍衛城)은 페르시아를 가리킨다. 한자로는 파사국(波斯國)이다.】라고 하였는데, 사위성은 페르시아가 아니라 인도 중부의 도시로 고대 교살라국의 수도였다.
6 1장에서부터 설명한 유가 사상의 근본 원리 중 하나인 생생(生生)의 원칙에 어긋난다는 뜻이다.
7 삼봉은 지렁이가 일반적인 음식물을 먹지 않는 것을 관찰하고, 이에 근거해 아무것도 먹지 않는다고 여긴 듯하다.
8 원문은 '과욕(寡欲)'임으로 온전한 번역은 '욕심을 줄인다'이겠지만 불교에서는 무욕(無欲)을 지향하지 과욕을 주장하지 않는다. 과욕은 맹자가 주장한 이래로 유가 수양론의 핵심 내용이다. 부부관계를 유지하고 세속에 사는 유학자가 어떻게 모든 욕구를 다 버릴 수 있겠는가? 하지만 열반적정(涅槃寂靜)을 지향하는 스님에게는 과욕보다 무욕이 더 어울린다. 무욕과 과욕은 일반인에게는 큰 차이가 없어 보일 수도 있지만, 불교와 유교의 차이를 보여주는 중요 개념어 중 하나이다. 삼봉이 자신도 모르는 사이에 습관적으로 유학의 용어를 사용한 듯하다.

13
선종에 대해 논변함

1 원래 인도 사람으로 520년 중국에 도착하여 선종을 포교했다고 전해진다. 중국 선종의 시조이다.
2 선종 사상의 핵심은 교외별전(教外別傳), 불립문자(不立文字), 직지인심(直指人心), 견성성불(見性成佛)이다. 이에 대해서는 본 장의 해설을 참조할 것.
3 달마대사가 중국에 소개했다고 알려져 있는 '선종의 교리'에 이르러서는 불교의 "선을 행하고 악을 짓지 말라[衆善奉行 諸惡莫作]"는 권선징악의 태도마저도 약화되었다는 뜻이다. 선악을 넘어서려고 하는 불교의 모습에 삼봉 같은 유학자가 분노하는 것은 당연한 면이 있다. 하지만 사실 이는 선불교만의 특징이라기보다 애초부터 불교가 지향하는 것이다.

4 주희(朱熹)를 가리킨다.

5 【안: 불교 학설에 대략 세 가지가 있으니, 그 처음에 재계(齋戒)가 있고, 그다음이 의학(義學)이고, 마지막이 선학(禪學)이다. 인연에는 열둘이 있으니 촉(觸)·애(愛)·수(受)·취(取)·유(有)·생(生)·노(老)·사(死)·우(憂)·비(悲)·고(苦)·뇌(惱)이다. 업(業)에는 세 가지가 있으니 신(身)·구(口)·의(意)이다. 심(心)과 성(性)을 가리킨다는 것은 나의 마음이 곧 불심이니, 나의 본성을 깨달으면 곧 부처가 된다는 의미이다. 유무를 초월했다는 것은 유를 말하면 '색(色)은 곧 공이다'라고 하고, 무를 말하면 '공은 곧 색이다'라고 말하는 것을 뜻한다.】

여기서 삼봉이 말한 12연기가 일반적으로 알려진 12연기와 다르다는 점이 눈에 띈다. 연기를 설명하는 방식이나 그 순서, 내용 등은 일반인들이 생각하는 것보다 훨씬 더 다양하다. 삼봉이 초보적인 이해도 결여하고 있다고 생각할지도 모르겠지만, 우리가 알고 있는 정리된 12연기는 상당히 후대에 등장한 것이다. 원시 경전에는 여러 형식의 연기설이 있다. 여러 형식의 연기설 가운데에서 가장 완성된 형태를 띠고 있는 것이 12연기설이다. 즉, 세존께서 초기 경전에서 12연기를 지금 우리가 알고 있듯이 무명에서 시작하여 생로병사에 이르는 한 가지 방식으로 설명하고 있지 않다는 것을 알아야 한다. 대개는 한 가지를 가지고 나머지를 설명하는 방식을 취하고 있고, 그 순서도 다양한 방식으로 설명하고 있다. 그런데 원시 경전에 등장하는 연기설에는 공통적인 경향이 있다. 즉, 인간이 생(生)·노(老)·병(病)·사(死) 등의 고뇌로 번민하고 있는 현실을 직시하고, 그 고뇌의 원인이 무명(無明, avidyā)임을 이해해서, 그 무명을 멸하면 고뇌도 소멸될 수 있다는 입장이다. 이후 우리에게 상대적으로 더 친숙한 대승불교에 이르면 공(空) 사상에 의해 연기가 이해된다. 모든 존재는 공(空) 혹은 무자성(無自性)이기 때문에 연기가 성립하는 것으로 주장된다.

6 【안: 세 성인은 우(禹)·주공(周公)·공자(孔子)이다.】

14
불교와 유학의 같고 다름에 대해 논변함

1 삼봉은 『역전』의 "寂然不動 感而隨通天下之故"를 염두에 두고 있다. 이하에서 분명해진다.
2 여기서 "萬物之理具於吾心"은 맹자가 말한 "萬物皆備於我"에 대한 주자학적 해석이다. 주자학 계열인 삼봉은 위와 같이 이해했을 것이다.
3 하지만 심학 계열에서도 마음이 사물에 매이지 않는 것을 성인의 경지로 본다.
4 본 장의 주 1 참조.
5 한국고전번역원의 기존 번역은 다음과 같다. "그러므로 바야흐로 마음이 고요할 때에는 이 법(法)이 머물러 있는 곳이 없고, 법(法)이 동(動)하게 되어서는 우연히 부딪치는 곳에 따라 만법이 생긴다는 것이다." 불교에 대한 이해가 충분하지 않다 보니 이런 식으로 이해한 듯하다.
6 【안: 이 구절의 출전은 『반야경』이다. '마음이 사물에 머무는 바 없이 응한다는 것은 마음에 안과 밖이 없어 비어 있음으로 마음이 집착하는 사물이 없고, 선악과 시비도 마음에 남겨두지 않는다는 것이다. 그 마음에 생긴다는 것은 사물에 머물지 않는 마음으로 밖에 응하여 마음이 사물에 매이지 않는다는 것이다. 사씨(謝氏)가 『논어』의 '반드시 그렇게 해야 하는 것도 없고 그렇게 하지 않아야 하는 것도 없다[無敵無莫]'라는 글을 해석할 때에 이 말을 인용하였다.】
7 【안: 이 구절의 출전은 『기신론(起信論)』이다.】
8 원문은 '연기(緣起)'인데, 연기의 산스크리트어 원어는 'pratītya-samutpāda'로 '말미암아 일어난다'는 뜻이다. 이 원어에 충실한 한국어 번역은 '상호 의존적 발생(dependant origination)'이지 '緣起'가 아니다. 요즘 같은 한글 세대에게 연기라는 용어가 어떤 의미를 전달할 수 있을까? 더하여 한자 세대에게도 연기의 의미가 '상호 의존적 발생'으로 읽히는지 심각한 반성이 필요하다.
9 삼봉의 주장과 다르게, 유학에서 어떤 이치[理]가 존재하고, 이것은 불변한다고 보는 것과 불교에서 모든 것은 변화하며 불변하는 실체를 부정하는 논리는 실제로 여러 면에서 다르다. 불교가 대승불교 시대에 접어들면서 불탑 숭배가 강화되고, 불

상을 신격화하는 종교화 현상이 일어난 것은 우리가 주지하는 바와 같지만, 이런 종교화 현상은 싯다르타 자신이 경계하였던 점이라는 것을 독자는 기억해야 한다. 부처를 신격화된 존재로 숭배하는 것은 특히 초기 불교의 가르침에서 볼 때, 싯다르타의 근본정신을 잃은 것이라고도 할 수 있다.

10 엄밀하게 말해 성리학에서 마음이 공(空)하다고 할 수는 없다. 3, 4장의 해설 부분에서 설명하였듯이 마음은 이치를 구유하고 있기 때문이다.

11 3장 참조.

12 【안: 지(地: 뼈), 수(水: 피), 화(火: 온기), 풍(風: 호흡)이라는 사대(四大)가 합쳐져서 몸이 되었지만, 네 가지 원소 각각을 따로 분리해서 보면 그중 주(主) 되는 것이 없다. 눈에 대한 빛깔과 귀에 대한 소리와 코에 대한 냄새와 입에 대한 맛과 피부에 대한 감촉, 마음에 대한 생각이 여섯 가지 감각 기관[六根]에 대한 대상인데, 그것은 각각 어떤 상황에서 생겨난다. 그런데 그 6근(六根)을 각각 따로 분리해보면 본래 정(精)함이 없다. 이는 마치 거울에 비치는 형상이 있다고 여기지만 각각 그 형상을 분리해보면 거울에 보이는 합쳐진 실상은 사실 존재하지 않는 것과 같다.】 여기서 6근과 6경을 언급하면서 결국 6근에는 주체가 없음을 말하고 있다. 근본 불교의 교리 중 제행무상은 쉽게 사람들이 이해하고 동의하지만, 제법무아나 오온의 무아설은 불교의 핵심 주장임에도 불구하고 일반인이 이해하기가 힘든 면이 있는 것을 상기하라.

13 【안: 빛의 작용을 보면 비록 캄캄한 어두운 땅에서 눈을 뜨더라도 그 어둠 속에도 빛이 있다. 이는 마치 거울 빛이 어두움 속에서도 빛나는 것과 같다.】

14 【안: 이는 주자의 시다.】

15 주희는 『격물보전』에서 "오랫동안 노력하여 어느 시기에 활연관통(豁然貫通)한다."고 하였는데, 그는 이처럼 오랜 노력으로 도달한 활연관통의 경지를 강조했다. 즉, 공부하는 자들은 하나하나 구체적 사물에 입각한 궁리(窮理) 공부와 동시에 이 단계를 뛰어넘는 활연관통의 경지에 이르러야 한다. 두 단계 중 어느 하나를 무시하는 태도를 주희는 경계하였다. 선종처럼 순서를 따르지 않고 갑작스럽게 완전한 경지에 오르기를 추구하는 것은 일종의 '자기기만[自罔]'이고, 단순하고 조잡한 이해만을 추구하고 궁극적 활연관통을 목적으로 삼지 않는 공부는 결국 스스로를 포기

하는 것이기 때문이다.
16 한영우, 『왕도의 설계자 정도전』(지식산업사, 1999), 316쪽.

15
불법이 중국에 들어온 시기를 논변함

1 【안: 여기서부터 "부처를 믿을수록 왕조의 수명이 단축됨[事佛甚謹年代尤促]"까지는 진덕수의 『대학연의』에서 인용하였다.】
2 사문은 본래 인도에서 출가하여 수도 생활을 하는 사람을 가리키는 총칭이었는데, 후에는 승려를 가리키는 말로 사용되었다.
3 신불멸론은 중국 불교의 한 특색이라 할 수 있다. 대표적 신불멸론자인 혜원의 주장과 그 의의에 대해서는 이상엽, 「혜원 신불멸론의 불교사상적 의의」, 《철학논구》 제35집(서울대학교, 2007), 37~69쪽을 참고.
4 진덕수(眞德秀, 1178~1235)는 남송의 성리학자로 주자의 학설을 양자강 이남 지역에 확산시키는 데 공헌했다. 본 장의 해설에서 설명하듯이, 제왕의 정치 교육서인 『대학연의』와 심성 수양 교육서라 할 『심경(心經)』을 저술하였는데, 퇴계 이래로 조선에서는 거의 모든 유학자들이 『심경』을 특히 중시했다. 주자학의 전파와 관련된 진덕수의 역할은 호이트 틸만, 김병환 옮김, 『주자학의 패권』(교육과학사, 2010), 326~332쪽을 참고.
5 불도징(佛圖澄)은 천축의 고승(高僧)이다. 일찍이 석륵의 정벌을 따라가 예언이 일마다 적중하여 석륵이 깊이 공경하고 중히 여기어 대화상(大和尚)이라고 칭했다.
6 도안(道安)은 진(晉)나라 승려로 영강(寧康) 초에 석륵의 난을 피하여 양양(襄陽)에 이르러 단계사(檀溪寺)를 세웠다. 『고승전(高僧傳)』에 의하면, 태원(太元) 연간에 부견(苻堅)이 양양을 취하여 도안을 얻고 기뻐하며 말하기를, "내가 10만의 군사로 양양을 취해 한 사람 반을 얻었다. 안공(安公, 도안)이 한 사람이고 습착치[習鑿齒, 진(晉)나라 양양 사람]가 그 반이다."라고 하였다고 한다.
7 구마라습(鳩摩羅什)은 천축의 고승(高僧)이다. 후진(後秦) 때 처음으로 관중(關中)에

도착하였는데, 요흥(姚興)이 국사(國師)의 예로 대우하였다. 많은 불경이 그의 손에 의해서 중국어로 번역되었다.
8 조조(曹操)의 아들인 조비(曹조)를 말한다.
9 나머지 한 사람은 진복(陳宓, 1171~1230)이다.
10 『면재집(勉齋集)』, 권5, 23上下쪽, 황간이 이번(李燔, 1190년 進士)에게 보낸 서신이다.
11 『면재집(勉齋集)』, 권15, 11上~12下쪽.
12 脫脫 주편, 『宋史』(북경: 中華書局), 권437, 12964쪽.
13 真德秀, 『西山文集』(四庫全書本), 권3, 16上쪽; 真德秀, 『大學衍義』(四庫全書本); 鄒永賢, 「朱子學派治國綱領試探－兼析真德秀『大學衍義』」, 『朱子學研究』(廈門: 廈門大學出版社, 1989), 158~200쪽.

16
부처를 섬기면 재난이 닥침

1 무차회(無遮會) 혹은 무차대회(無遮大會)란 신분의 상하 구분 없이 모두가 참여할 수 있는 공개된 법회(法會)를 말한다.
2 후경(侯景)은 남북조(南北朝) 때의 삭방(朔方) 사람으로 반란을 일으켜 대성(臺城)을 함락시키고, 양 무제를 아사시켰다. 이후 간문제(簡文帝)를 옹립하였다가 제거하고, 스스로 한제(漢帝)라 칭하였다.
3 양 무제는 살생을 금하는 불교의 계율을 지키기 위해 종묘 제사에서도 동물을 희생시키지 못하도록 하였다. 야채만으로 제사를 지내니, 이는 사직을 지켜주는 조상신에 대한 도리에 어긋난다는 뜻이다.
4 석가가 탄생한 땅으로 가비라위(迦毗羅衛)라고도 한다.
5 양나라의 원제(元帝)가 된다.
6 삼왕(三王)은 하(夏)나라 우(禹)와, 은나라 탕(湯)과 주(周)나라 문무(文武)를 말한다.

17

천도를 버리고 불교의 인과설을 따르는 일을 논변함

1 당 현종(玄宗) 때의 돌궐(突厥) 사람으로 유명한 '안녹산의 난'을 일으켰다.
2 회은(懷恩)은 처음에는 공신이었으나, 나중에 변심하여 회흘(回紇)과 토번(吐蕃)을 꾀어 반란을 일으켰다가 실패하고 병사하였다.
3 일반적으로 「인왕경(仁王經)」은 「법화경(法華經)」, 「금광명경(金光明經)」과 함께 불교에서 나라를 지켜주는 호국 3경이다.
4 당 태종은 뛰어난 지략을 갖추고 병술에도 능하여 부친을 도와 당나라 건설의 주역으로 활약했으나, 맏아들이 아니었다. 신하들의 추대 형식을 취했지만 형을 내치고 황제의 자리에 오른 일은 유학자의 입장에서 볼 때, 도리에 어긋나는 일이라는 뜻이다. 방원 등과 각을 세우고 있었던 삼봉의 입장에서는 진덕수의 입을 빌려 강조하고 싶었던 바였을 것이다.

18

부처를 믿을수록 왕조의 수명이 단축됨

1 당 헌종(憲宗)의 연호임.
2 복전(福田)은 부처의 법력(法力)으로 이익을 구하는 것을 말한다.
3 장생(長生)을 추구하는 도교(道敎)의 외단술(外丹術)이다. 이미 갈홍의 포박자에서 나타나듯이 도교의 도사들은 곡식을 먹으면 생명을 이어나갈 수는 있으나, 불로장생할 수는 없다고 생각해 장생을 가능하게 하는 금단의 비약(秘藥)을 제조하려고 했다. 이때 이들에게 주목받은 것이 금과 산화수은이다. 이런 금속 성분으로 장생불사의 약을 제조하였으므로 이를 먹은 군주들은 하나같이 중금속 중독으로 오히려 더 일찍 사망하였다. 한 무제의 이야기는 잘 알려져 있는 바와 같고, 당송 시대

의 대부분의 군주들도 하나같이 장생불사의 약을 구하기 위해 혈안이 되어 있었다. 젊어서는 이를 믿지 않았던 명민한 군주들도 노년에 접어들어서는 젊음 유지에 대한 유혹을 뿌리치지 못하고 금단에 집착해, 그 폐단이 심했다. 이런 외단술에 대한 반동으로 내단술(內丹術)이 송대에 성행하였다는 것이 도교사를 이해하는 한 방식이다.

19
이단을 배척함

1 "교언영색(巧言令色)", 『논어』의 「학이(學而)」편과 「양화(陽貨)」편에 나온다. 『논어』 같은 잠언집 성격의 책에서 두 번 언급된다는 것은 『논어』의 저자들이 그만큼 강조할 필요가 있다고 여겼다는 의미이다.
2 유사한 글귀인 "방명학민(方命虐民)"이 『맹자』 「양혜왕(梁惠王)」 하에 있다.
3 『서경』 「대우모(大禹謨)」.
4 탕(湯)은 하(夏)나라의 걸(桀) 임금을 제거하고, 은(殷) 왕조를 세운 은의 시조(始祖)이고, 무왕(武王)은 부친인 문왕(文王)의 대업을 이어받아 은 왕조의 주(紂) 임금을 제거하고, 주(周) 왕조를 세운 인물이다. 걸주(桀紂)와 탕문무(湯文武)는 항상 폭군과 성군으로 고전에서 대비되어 등장한다. 하지만 고고학적 증거로 보면 걸주도 역시 나름대로 국가를 위해 헌신한 군주들이었다. 역사는 승자의 기록이기에 탕과 문무의 새로운 왕조 개창을 정당화하기 위해 걸주에게 폭군이라는 오명을 씌운 혐의가 짙다.
5 『서경』 「탕서(湯書)」.
6 『서경』 「태서(泰誓)」.
7 『논어』 「위정(爲政)」. 그런데 이 구절은 "이단을 공격하면 해로울 뿐이다."로 해석되기도 한다.
8 양주의 위아주의(爲我主義)는 알려진 것처럼 단순히 자신만을 위하라는 뜻이 아니다. 이에 대해서는 김병환, 「양주학파의 자연 생명 사상」, 『중국철학의 이단자

들」(예문, 2000)을 참조.
9 위에서 언급한 요순우(堯舜禹)와 탕무(湯武), 그리고 공자와 맹자를 가리킨다. 이 중 맹자는 성인이 아니기 때문에 현인이라 칭하였다.

20
불씨잡변 지식

1 『불씨잡변』 권미(卷尾)에 정도전 자신이 다시 덧붙이는 말을 첨가하였다.
2 전대사실 4편을 진술한 뒤에 붙인 이 부분은 삼봉이 스스로가 가상 질문에 답하는 식으로 구성되어 있다. 책을 탈고하고 나서 뒤에 덧붙인 부록 같은 성격인데, 스스로 본문에서 논의가 미진했다고 생각되는 점들을 질문 형식을 빌려서 제기하고 삼봉이 이에 답하는 방법으로 구성되어 있다.
3 산스크리트어 'dharma-dhatu'의 한역어이다. 법은 본래 인간의 행위를 보존한다는 뜻을 지닌 말이나 불교에서는 모든 사물의 근원을 뜻한다. 특히 대승불교에서는 종교적인 본원을 의미하며, 여기에 경계라는 의미의 '계'를 붙여 진리의 세계를 상징한다. 그래서 법계는 진여(眞如)와 동의어로 쓰이기도 한다. 진리 자체로서의 부처, 즉 법신불을 뜻하기도 하며, 화엄교학(華嚴敎學)에서는 있는 그대로의 현실 세계를 뜻하기도 한다.
4 산스크리트어 'tathāgata-garbha'의 한역어이다. 본래부터 중생의 마음속에 감추어져 있는 것으로 여래가 될 가능성을 의미한다. 즉, 중생의 마음속에 저절로 갈무리되어 있는 청정한 씨앗으로 번뇌에 가려져 있는 여래의 성품이다.
5 【안: 무정물이란 바윗돌이나, 풀·나무와 같은 것이고, 법계란 끝이 없는 세계라는 말과 같다. 유정물은 [사람이나 동물과 같이 감각이 있는 것으로 내면에] 본래적 깨달음이 있으니, 중생의 마음과 불성이 본래 여래라는 것이다.】
6 맹자가 묵가인 이지(夷之)와의 대화에서 이지의 입장을 "二本"이라 비판하였다. 출전은 「등문공」 상이다.
7 그 아래 내용으로 볼 때 주돈이의 『태극도설』이나 이에 대한 주희의 해설을 염두에

두고 있는 게 분명하므로 본문에 태극과 음양을 첨가해서 문맥에 맞게 번역한다.

8 주염계(周濂溪)를 가리킨다. 그 아래 구절은 주염계의 『태극도설』에 나온다. 주자(朱子)와 혼동하지 말아야 한다.

9 『통서』第十六動靜 "動而無動 靜而無靜 神也."

10 『통서』第十六動靜 "動而無靜 靜而無動 物也."

11 불교에서 말하는 유정물(有情物), 무정물(無情物)의 차이를 기론으로 설명하고 있다.

12 1장을 참조.

13 불상에서 상서로운 빛이 난다는 것을 삼봉은 부정하기보다는 기이하지 않은 일이라고 치부하고 있다. 본문의 그 이하에서 보듯이 자연적으로 가능한 일이지 놀랄 일이 아니라는 것이다. 요즘에도 큰스님과 함께 사진을 찍었는데 스님의 몸에서 빛이 난다고 하는 일이 있지 않은가! 사진의 특정 부위를 발광 현상이 나도록 인화해서 신도들을 속이는 웃지 못할 일이지만, 삼봉 스스로 제기한 질문의 의도는 자연현상으로서의 발광이 아니라 부처의 수련 결과를 보여주는 서기(瑞氣)의 존재 여부에 관한 일이었으니 좀 다른 각도에서 답했으면 좋았을 것이다.

14 양웅(揚雄)은 한(漢)나라의 유학자로 자는 자운(子雲)이며, 촉(蜀) 지역의 성도[成都, 지금의 쓰촨(四川)] 사람이다. 경학(經學)은 물론 사장(辭章)에도 뛰어났고, 말더듬이였으나 박학다식하였다. 일생을 곤궁하게 지내면서 저술에 힘썼고, 정치에는 관심이 적었다. 『역경(易經)』을 모방해 『태현경(太玄經)』을 지었고, 『논어』를 모방한 『법언(法言)』을 지었다.

| 참고문헌 |

원전류

國史編纂委員會 편(1961), 『三峯集 全』, 國史編纂委員會.
민족문화추진회 역(1977), 『(국역) 三峯集』 I-II, 민족문화추진회.
_____(1990), 『三峰集』 1-2, 영인출판사.
_____(1995), 『三峰集』 1-2, 솔.
_____(2006), 『(신편 국역)삼봉 정도전 문집』 1-3, 한국학술정보.
三峯鄭道傳先生記念事業會 편(2007), 『三峯集』 上下, 三峯鄭道傳先生記念事業會.
심경호 역(2013), 『삼봉집: 조선을 설계하다』, 한국고전번역원.
박진훈 역(2011), 『삼봉집』, 지식을만드는지식.
정병철 편(2009), 『(증보) 삼봉집』 1-4, 한국학술정보.
朝鮮古書刊行會(1916), 『三峯集 全』, 朝鮮古書刊行會.

단행본

권행완(2012), 『왕도와 패도: 정도전의 경세철학 연구』, 한국학술정보.
김당택·저광주(2012), 『(이성계와 조준·정도전의) 조선왕조 개창』, 전남대학교출판부.
김용옥(2004), 『삼봉 정도전의 건국철학: 『조선경국전』 『불씨잡변』의 탐구』, 통나무.

나중식(2012),『한국행정 사상사: 삼봉, 율곡, 반계, 다산을 중심으로』, 서울경제경영.
도현철(2013),『조선전기 정치 사상사:『삼봉집』과『경제문감』의 실증적 분석을 중심으로』, 태학사.
문철영(2009a),『정도전연구 논저목록』, 삼봉정도전선생기념사업회.
문철영(2009b),『정도전연구 논저목록』상·하, 새와나무.
박남일(2008),『꿈 너머 꿈을 꾸다: 정도전의 조선 창업 프로젝트』, 서해문집.
박봉규(2012),『조선 최고의 사상범: 한 천재의 혁명이 700년 역사를 뒤꿔버렸다: 鄭道傳』, 인카운터.
삼봉정도전선생기념사업회(2004),『정치가 정도전의 재조명』, 경세원.
_____(2008),『성리학자 정도전의 국제적 위상』, 경세원.
이성진(2007),『조선개국 일등공신 정도전의 일대기』, 한솜미디어.
이정주(2007),『性理學 受容期 佛敎 批判과 政治·思想의 變容: 鄭道傳과 權近을 중심으로』, 고려대학교 민족문화연구원.
이한우(2009),『왜 조선은 정도전을 버렸는가: 조선 역사의 56가지 진실 혹은 거짓』, 21세기북스.
정성식(2003),『포은과 삼봉의 정치사상』, 심산문화.
조기영(2004),『삼봉리더십: 정도전에게 배우는 21세기 리더십』, 이치.
조유식(2006),『정도전을 위한 변명』, 푸른역사.
최상용·박홍규(2007),『정치가 정도전』, 까치글방.
한국古典연구회(1981),『三峯 鄭道傳과 朝鮮經國典』, 地下鐵文庫社.
한영우(1973),『鄭道傳思想의 硏究』, 한국문화연구소.
_____(1987),『鄭道傳思想의 硏究』, 서울大學校出版部.
_____(1999),『왕조의 설계자 정도전』, 지식산업사.

박사학위 논문

권행안(2009), 『삼봉 정도전의 왕패정치담론에 관한 연구』, 한국학중앙연구원 한국학대학원 박사학위 논문.
김원동(1979), 『鄭道傳의 統治理念과 制度에 關한 硏究: 朝鮮經國典을 중심으로』, 경희대학교 대학원 박사학위 논문.
김종진(1990), 『鄭道傳 文學의 연구: 文學觀과 詩世界』, 고려대학교 대학원 박사학위 논문.
도현철(1997), 『여말선초 신·구법파 사대부의 정치 개혁사상 연구: 이색·정도전의 정치사상의 비교연구를 중심으로』, 연세대학교 대학원 박사학위 논문.
명희부(1998), 『鄭三峰 詩歌 文學 硏究』, 경기대학교 대학원 박사학위 논문.
이정주(1998), 『麗末鮮初 儒學者의 佛敎觀: 鄭道傳과 權近을 中心으로』, 고려대학교 대학원 박사학위 논문.
장성재(1992), 『三峯의 性理學 연구』, 동국대학교 대학원 박사학위 논문.
조항덕(2008), 『삼봉 정도전의 사상과 그 문학적 구현』, 성신여자대학교 대학원 박사학위 논문.
최지연(2009), 『정도전 산문 연구』, 홍익대학교 대학원 박사학위 논문.

학술지 논문

강명관(1992), 「정도전의 "재도론" 연구」, 《漢文學論集》, 근역한문학회, 10.
고경희·백현순(2008), 「공자의 예악사상과 정도전의 궁중정재」, 《움직임의 철학: 한국체육철학회》, 한국체육철학회, 16(1).
고요한(2009), 「선초(鮮初) 정치변혁과 정교(政敎) 이데올로기에 대한 연구: 정도전과 권근을 중심으로」, 《교육철학연구》, 한국교육철학학회, 46.
곽효문(1998), 「정도전(鄭道傳)의 행정개혁론」, 《韓國行政史學誌》, 한국행정사학회, 6(1).

권행완(2013), 「정도전(鄭道傳)의 유교적 민주의식」, 《신아세아》, 신아시아연구소, 20(3).

김광수(1996), 「정도전의 「陣法」에 대한 고찰」, 《한국군사학논집》, 육군사관학교, 50.

김난옥(2007), 「여말선초 정치변동과 배타적 家門意識-정도전을 중심으로-」, 《韓國史學報》, 고려사학회, 27.

김남일(2007), 「정도전의 역사의식-공양왕 3년의 상소·상서문을 중심으로-」, 《韓國史學史學報》, 한국사학사학회, 15.

김남형(1999), 「정도전의 〈답전부〉와 〈금남야인〉에 대하여」, 《한문교육연구》, 한국한문교육학회, 13.

김당택(1998), 「高麗 禑王代 李成桂와 鄭夢周·鄭道傳의 정치적 결합」, 《歷史學報》, 歷史學會, 158.

김대중(2013), 「정도전의 금남잡영(錦南雜詠) 연구」, 《동방학지》, 국학연구원, 161.

김동경(2011), 「정도전의 『진법(陣法)』과 태조대 군사력 재건」, 《한국문화》, 규장각 한국학연구원, 53.

김석근(1997), 「개혁과 혁명 그리고 주자학-'여말선초'를 산 정몽주와 정도전의 현실인식과 비전-」, 《亞細亞硏究》, 고려대학교 아세아문제연구소, 40(1).

김수영(1985), 「三峯의 言路思想과 太祖朝의 言論現實考」, 《韓國 言論學報》, 한국언론학회, 19.

김순미(2001), 「조선초기 유불관의 시적 형상화-기화와 삼봉의 시를 중심으로」, 《동양한문학연구》, 동양한문학회, 15.

김영수(2006), 「유배, 혁명, 그리고 「파리아(pariah)의 성리학」: 우왕대(1375~1388) 정도전의 정치적 시련과 혁명」, 《정치사상연구》, 한국정치사상학회, 12(1).

김윤기(2006), 「삼봉 정도전 사상의 사회 윤리적 함의」, 《도덕윤리과교육》, 한국도덕윤리과교육학회, 23.

김인호(2005), 「鄭道傳의 역사인식과 군주론의 기반-〈經濟文鑑〉의 분석을 중심으로-」, 《한국사연구》, 한국사연구회, 131.

김일환(2008), 「입법가로서 정도전에 관한 憲法史的 考察」, 《성균관법학》, 법학연구소, 20(1).

김정기(2007), 「정도전 통치사상의 현대적 조명(照明)」, 《한국행정사학지》, 한국행정사학회, 21.

김종서(2010), 「三峯 鄭道傳 詩의 表現 樣相과 美意識」, 《한국한시연구》, 한국한시학회, 18.

김종진(1980), 「정도전 문학의 연구: 이조 건국 이전의 시·문을 중심으로」, 《民族文化硏究》, 고려대학교 민족문화연구원, 15.

＿＿＿(1987), 「鄭道傳 時觀의 한 局面(2)」, 《泰東古典硏究》, 翰林大學校 泰東古典硏究所, 3.

＿＿＿(2008), 「鄭道傳 文學觀의 몇 가지 양상들」, 《국어교육》, 한국어교육학회, 125.

김해동(1984), 「鄭道傳의 反功利 思想」, 《정신문화연구》, 한국학중앙연구원, 7(3).

김훈식(1997), 「정도전과 이방원: 재상권과 왕권」, 《역사비평》, 역사문제연구소, 37.

노태천(1991), 「『조선경국전(朝鮮經國典)』에 나타난 정도전(鄭道傳)의 농공(農工)에 대한 인식」, 《大韓工業敎育學會誌》, 대한공업교육학회, 16(1).

도현철(2000a), 「『經濟文鑑』의 引用典據로 본 鄭道傳의 政治思想」, 《歷史學報》, 歷史學會, 165.

＿＿＿(2000b), 「정도전의 정치체제 구상과 재상정치론」, 《한국사학보》, 고려사학회, 9.

＿＿＿(2003), 「정도전의 사공학 수용과 정치사상」, 《한국사상사학》, 한국사상사학회, 21.

＿＿＿(2009), 「『三峰集』의 전거를 통해 본 신유학 수용」, 《동방학지》, 국학연구원, 145.

＿＿＿(2012a), 「권근의 유교 정치 이념과 정도전과의 관계」, 《역사와현실》, 한국역사연구회, 84.

＿＿＿(2012b), 「『삼봉집』과 권근의 역할」, 《민족문화》, 한국고전번역원, 40.

리기용(2012), 「삼봉 정도전의 벽이단론과 그 해석 문제-심문천답과 심기리편을 중심으로」, 《한국철학논집》, 한국철학사연구회, 34.

문철영(2004), 「청년 정도전의 자아 정체성 위기와 극복과정」, 《동양학》, 동양학연구원, 35.

문철영(2008), 「삼봉 정도전의 의식세계(意識世界) 연구-해배(解配) 이후 조선 건국 시기를 중심으로-」, 《동양학》, 동양학연구원, 44.

민순의(2008), 「정도전과 권근의 불교 이해와 그 의의-공적심(空寂心) 및 진공묘유(眞空妙有) 개념과 조선불교의 맹아적 세속화론을 중심으로-」, 《보조사상》, 보조사상연구원, 30.

박범석(2002), 「三峰의 불교비판의 교육사적 의미」, 《한국교육사학》, 한국교육사학회, 24(1).

박병련(2000), 「鄭道傳의 政治思想과 儒教의 官僚體制의 재설계」, 《한국사회와 행정연구》, 서울행정학회, 11(2).

박성규(1981), 「정도전 연구」, 《어문논집》, 안암어문학회, 22(1).

박승용(2002), 「鄭道傳의 행정사상에 관한 서설적 연구」, 《국가정책연구》, 중앙대학교 국가정책연구소 중앙행정학연구회, 16(1).

박현숙(2011), 「天命의 역설, 정도전의 武德曲 연구」, 『한국사상과 문화』, 한국사상문화학회, 57.

박홍규(2000), 「주자학과 조선건국 (2)-조선건국과 정도전-」, 《南冥學研究》, 경상대학교 남명학연구소, 10.

_____(2004), 「정도전의 '공요(攻遼)' 기도 재검토: 정치사상의 관점에서」, 『정치사상연구』, 한국정치사상학회, 10(1).

_____(2007a), 「정도전과 도통」, 《동양정치사상사》, 한국/동양정치사상사학회, 6(2).

_____(2007b), 「정도전의 경제사상」, 《아세아연구》, 아세아문제연구소, 50(3).

_____(2009), 「전략가 정도전(鄭道傳)과 아라이 하쿠세키(新井白石)-정통왕조와 역사해석-」, 《日本思想》, 한국일본사상사학회, 17.

_____(2010), 「정도전(鄭道傳)과 기타바타케 지카후사(北畠親房)의 국가관 비교-《조선경국전(朝鮮經國典)》과 《신황정통기(神皇正統記)》를 중심으로-」, 《日本思想》, 한국일본사상사학회, 18.

_____(2012), 「정도전 사상과 현대 한국정치-정치가 양성을 중심으로-」, 《한국학논집》, 한국학연구원, 47.

박홍규·방상근(2008), 「정도전(鄭道傳)의 '재상주의론' 재검토」, 《대한정치학회보》, 대한정치학회, 15(3).

부남철(2008), 「정도전의 유교국가론과 『周禮』」, 《퇴계학과 유교문화》, 퇴계연구소,

43.
송재운(1997), 「삼봉 정도전과 함허당의 유불대론」, 《倫理硏究》, 한국국민윤리학회, 37(1).
송창한(1978), 「정도전의 척불론에 대하여」, 《대구사학》, 대구사학회, 15·16(1)
안재호(2009), 「『불씨잡변佛氏雜辨』에 드러난 정도전의 불교비판 분석 - 주자학에 대한 이해를 기초로 -」, 《동서철학연구》, 한국동서철학회, 53.
원주용(2006), 「三峰 鄭道傳 散文의 문예적 특징」, 《漢文學報》, 우리한문학회, 14(1)
오용섭(2011), 「『삼봉집』의 간행과 편성」, 《서지학연구》, 한국서지학회, 48.
유호진(2002), 「鄭道傳 詩에 투영된 삶에 대한 熱愛에 관하여」, 《고전문학연구》, 한국고전문학회, 21.
윤사순(1980), 「鄭道傳 性理學의 特性과 그 評價問題」, 《진단학보》, 진단학회, 50.
윤한성(2013), 「조선건국기 교육정책에 나타난 정도전의 교육활동」, 《교육사학연구》, 교육사학회, 23(1).
이강열(1987), 「삼봉(三峯) 정도전(鄭道傳)의 전원시 고」, 《漢文學論集》, 근역한문학회, 5.
이서행(2008), 「鄭道傳의 改革意志와 實踐倫理」, 《윤리연구》, 한국윤리학회, 1(69).
이석규(1990), 「鄭道傳의 政治思想에 대한 硏究」, 《동아시아 문화연구》, 漢陽大學校 韓國學硏究所, 18.
이영춘(1998), 「鄭道傳의 排佛論과 그 性格」, 《韓國思想과 文化》, 한국사상문화학회, 1.
이익주(2006), 「고려 말 정도전의 정치세력 형성 과정 연구」, 《동방학지》, 국학연구원, 134.
이재용(1990a), 「정도전(鄭道傳)의 군사관(軍事觀) 연구(硏究)」, 《국방연구》, 국방대학교 안보문제연구소, 27(2).
_____(1990b), 「삼봉(三峯) 정도전의 법사상」, 《民族文化硏究》, 고려대학교 민족문화연구소, 23.
이종익(1971), 「정도전의 벽불론 비판」, 《佛敎學報》, 불교문화연구원, 8(1).
이종학(1984), 「정도전의 군사관 연구」, 《국방연구》, 국방대학교 안보문제연구소, 27(2).

이호철(1997), 「삼봉집(三峯集)의 사회경제사상」, 《퇴계학과 유교문화》, 경북대학교 퇴계학연구소, 25.
장동희(1998), 「정도전행정사상(鄭道傳行政思想)의 특성과 현대적 의의」, 《韓國行政史學誌》, 한국행정사학회, 6(1).
장성재(2003), 「三峰 性理學과 佛敎觀의 關係」, 《철학논총》, 새한철학회, 33.
정광희(1999), 「정도전의 유학사상에 대한 교육론적 고찰: 「虛」의 學에서 「實」의 學으로의 사고 전환과 그 의미」, 《교육과학연구》, 이화여자대학교 교육과학연구소, 30.
정낙찬(1996), 「삼봉 정도전의 교육사상」, 《교육철학》, 한국교육철학학회, 14.
정대환(1988a), 「조선조 성리학에서의 삼봉(三峰)의 위치」, 《범한철학》, 범한철학회, 3.
_____(1988b), 「心問 天答」에 나타난 三峰의 天人觀」, 《儒學研究》, 충남대학교 유학연구소, 3.
_____(1998), 「심문(心問) 천답(天答)」에 나타난 삼봉(三峰)의 천인관(天人觀)」, 《儒學研究》, 충남대학교 유학연구소, 3.
정두희(1980), 「三峰集에 나타난 鄭道傳의 兵制改革案의 性格」, 《진단학보》, 진단학회, 50.
정무룡(2010), 「鄭道傳 樂章의 형상적 함의와 시가사적 위상」, 《인문학논총》, 인문과학연구소, 15(2).
정상균(2007), 「정도전의 〈영매(詠梅)〉 시 연구」, 《국어교육》, 한국어교육학회, 123.
정성식(1997), 「여말선초 성리학파의 역사의식: 정포은과 정삼봉의 사상적 특성을 중심으로」, 《유교사상문화연구》, 한국유교학회, 9(1).
_____(1998), 「三峯의 天命思想과 變通論」, 《東洋哲學研究》, 동양철학연구회, 19.
_____(1999), 「삼봉 성리학의 구조와 특성」, 《韓國思想史學》, 한국사상사학회, 13(1).
_____(2007), 「고려 말 정몽주의 綱常論과 정도전의 權變論 탐구」, 《동양문화연구》, 동양문화연구원, 1.
_____(2011), 「鄭道傳의 創業論과 사상사적 위상」, 《동양문화연구》, 동양문화연구원, 8.
정성희(2000), 「정도전(鄭道傳)의 도학정치사상 연구」, 《東洋哲學研究》, 동양철학연구회, 22.

정수동(2012), 「여말 선초 유학자들의 불교 인식-이색, 정도전을 중심으로-」, 《동아시아불교문화》, 동아시아불교문화학회, 12.

정재훈(2007), 「정도전 연구의 회고와 새로운 사상사적 모색」, 《한국사상사학》, 한국사상사학회, 28.

정종진(1980), 「鄭道傳 文學의 硏究」, 《民族文化硏究》, 고려대학교 민족문화연구소, 15.

정호훈(2006), 「鄭道傳의 학문과 功業 지향의 정치론」, 《한국사연구》, 한국사연구회, 135.

조기영(1997), 「三峰 鄭道傳의 觀勿 태도와 詩의 양상」, 《東洋古典硏究》, 東洋古典學會, 9.

조동일(1977), 「정도전(鄭道傳)의 문학사상」, 《韓國漢文學硏究》, 한국한문학회, 2.

조유춘(1981), 「삼봉(三峰) 정도전(鄭道傳)의 병제사상연구(兵制思想硏究)」, 《군진간호연구》, 국군간호사관학교 군진간호연구소, 2.

조준하(1998), 「三峰 排佛論의 現代的 意義」, 《韓國思想과 文化》, 한국사상문화학회, 1.

조항덕(2012), 「三峰 鄭道傳의 改革思想」, 《동양철학연구》, 동양철학연구회, 70.

최상용(2003), 「정치가 정도전(鄭道傳) 연구」, 《아세아연구》, 아세아문제연구소, 46(1).

최천식(2008), 「정도전과 권근의 마음이론 비교연구」, 《철학연구》, 철학연구회, 80.

최한규(2009), 「조선조 성리학적 君臣關係의 권력구조 연구: 三峰과 茶山의 비교분석」, 《한국행정사학지》, 한국행정사학회, 25.

한자경(2003), 「정도전의 불교비판에 대한 비판적 고찰-우주 내에서 인간 心의 존재론적 위상에 대한 논의」, 《불교학연구》, 불교학연구회, 6.

한형조(1999), 「朱熹와 정도전의 排佛論」, 《哲學》, 한국철학회, 61.

허정희(1999), 「윤회론(輪回論)에 대한 유불대론(儒佛對論)-함허와 주자와 정도전을 중심으로-」, 《佛敎硏究》, 한국불교연구원, 16.

지은이
정도전(鄭道傳, 1342~1398)

정치가이자 학자. 자는 종지(宗之), 호는 삼봉(三峰)이다. 1360년 성균시에 합격하고, 2년 후 진사시에 급제해 관직에 복무하였으며 이색(李穡), 정몽주(鄭夢周) 등과 교류하였다. 수도 한양의 터를 닦았고, 경복궁, 근정전, 숭례문 등 궁궐과 전각의 이름을 작명하였으며 병서(兵書)를 포함하여 다방면의 저작을 남겼다. 그의 『조선경국전』, 『경제문감』 등은 모두 『삼봉집』에 수록되어 있다. 이방원에 살해된 후 467년이 지난 1865년 흥선대원군이 훈작(勳爵)을 회복시키고 시호를 내렸다.

역해자
김병환

서울대학교 윤리교육과 교수이자 사회교육연구소 소장을 맡고 있다. 1964년생. 유불도 삼교의 교섭과 융합 문제에 대해 연구 중이고, 사회문제에 대한 관심으로 시작한 학문 탐구 여정이 진화생물학에 이르렀다. 전통사상과 진화윤리학의 간학제적 연구에도 관심을 갖고 있다. 유불도의 교섭과 통합 문제에 대한 연구 결과 중 하나가 「论太极图的起源(태극도기원논구)」이다. 이 논문이 실린 『道家文化硏究(도가문화연구)』(북경, 홍콩: 삼련서점, 2012)는 중국어권의 CSSCI 등재 학술지로 도가철학 분야의 세계적 권위를 가진 전문 학술지이다. 이외 『주희의 사유 세계: 주자학의 패권』(교육과학사, 2010) 등 여러 단행본과 다수의 논문이 있다.

불씨잡변

조선의 기획자 정도전의 사상혁명

1판 1쇄 펴냄 | 2013년 11월 29일
1판 2쇄 펴냄 | 2014년 3월 7일

지은이 | 정도전
역해자 | 김병환
펴낸이 | 김정호
펴낸곳 | 아카넷

출판등록 2000년 1월 24일(제2-3009호)
100-802 서울시 중구 남대문로 5가 526 대우재단빌딩 16층
대표전화 6366-0511(편집) · 6366-0514(주문) | 팩시밀리 6366-0515
책임편집 | 김일수
www.acanet.co.kr

ⓒ 김병환, 2013

Printed in Seoul, Korea.

ISBN 978-89-5733-323-5 94100
ISBN 978-89-5733-230-6 (세트)